踏み絵とガリバー

《鎖国日本をめぐるオランダとイギリス》

松尾龍之介
Matsuo Ryunosuke

弦書房

〔カバー表〕
北太平洋上の島々と日本の地図
（"Gulliver's Travels" から）
〔カバー裏〕
踏み絵とガリバー（イラスト作成＝著者）
〔表紙〕
イエズス会士サンソンによる日本図（一六六二）
（『西洋人の描いた日本地図』から）

目次

まえがき

『ガリバー旅行記』を知らない人はいない、と断言できるほど世界中で愛読されているにもかかわらず、ガリバーが日本に来ていることを口にすると妙な顔をされ、話がかみ合わなくなることがしばしばあります。

『ガリバー旅行記』(一七二六)は四篇からなっていて、第一篇の「小人国」と第二篇の「大人国」だけがだんトツに良く知られているのです。それもそのはず童話として編まれた本の中にはこの二篇だけで終わっているものがあり、特に絵本はそのようです。というわけで、子供の頃に親しんだ『ガリバー旅行記』には残りの半分が省略されていたわけです。

第三篇ではガリバーは太平洋上の色んな島国(ラピュータ、バルニバービ、ラグナグ、グラブダドリッブ)を訪ねた末に日本を訪れます。当時の日本は鎖国政策がとられていてオランダ人しか上陸を許されていません。ですからイギリス人のガリバーはオランダ人になりすまして日本にやって来ます。

そこまでは原作者スウィフトも知っていましたが、当時はオランダ船が長崎にしか入港できなかったこと、住まいが出島に限定されていたことまでは知らなかったようで、ガリバーを直接、関東地方（江戸）に向かわせます。

彼はパスポート代わりに、ラグナグ国王の日本皇帝（将軍）への親書を持っていました。お陰で皇帝に謁見が許されるのです。

ところがここで、ガリバーは妙なことを皇帝にお願いします。「どうか、オランダ人がしている踏み絵の儀式だけはかんべん願いたい」と口にするのです。このくだりに来たとき私はビックリ仰天しました。何故イギリスの作家スウィフトが日本の「踏み絵」を知っていたのだろうと。

踏み絵といえば教科書に載っていた写真を思い浮かべます。数えきれないほど多くの人々の足によって踏まれ、幾世代をも経た末に摩滅してついにキリストの顔も身体もてらてらと光っていました。

原書に当たってみると「踏み絵」は“trampling upon the Crucifix（十字架を踏みにじる）”に由来することがわかりました。それにしてもスウィフトはオランダ人の「十字架を踏みにじる」行為をどこで知ったのかという疑問がわいてきます。

答えはすぐには見つかりませんでした。数十年を経た末にようやくたどり着いたのが『南部漂流記』という史料です。それは一六四三年、三陸海岸の真ん中あたりにある岩手県の山田湾で、日本人によって捕えられたオランダ人船長による記録なのです。事件は船の名前から「ブレスケンス号事件」と呼ばれています。

くわしくは本文で触れますが、捕らえた一行のうち数名が宿泊した家で十字架を出され、それに接吻し拝むように命じられます。しかしオランダ人たちはプロテスタント（新教徒）でしたので、「十字架に向かって唾を吐き、足で踏みつけた」とあるのです。これこそが「十字架を踏みにじる」という言葉の出処だと思われるのです。

謎はもうひとつ、「オランダ人がしている踏み絵」というところです。そもそも踏み絵は日本人がキリシタンから仏教徒に転宗した証拠として、日本人に対して強要されたものでした。オランダ人は踏み絵が開始された当時は平戸にあり、その後長崎に移りますが出島で踏み絵をさせられたことはありません。

ところでスウィフトが生きていた時代、ヨーロッパの国々の中で日本貿易が許されたのは唯一オランダだけでした。おかげで十七世紀、オランダは黄金時代を迎えます。他の国々にしてみれば面白いはずがありません。嫉妬や、やっかみが働いてオランダ人はキリスト教徒として恥ずべき行為（踏み絵）までして貿易を独占しているという噂がひろがります。

なかんづくイギリスは、東洋ではポルトガル・スペインに対してオランダと共同戦線を張りながら、他方ではオランダに対して常にライバル意識を抱き、ついに両国は英蘭戦争へと発展していきます。

英語の辞書を引けば、ダッチ（Dutch）がついた単語にはろくでもない言葉ばかりが並んでいます。そこにはまさしく当時のイギリス人の感情が籠められていたわけです。というわけでスウィフトもまた当時の「常識」にのっとり、日本に上陸したオランダ人が踏み絵をしているものと思い込んでいたのです。

以上のことを頭に入れてもう一度、「オランダ人がしている踏み絵の儀式だけはかんべん願いたい」というガリバーの言葉を読みなおすと、「自分はオランダ人のような汚いことはやりたくない」という切実な願いが籠められていることがわかります。こうしてガリバーは踏み絵をすることなく日本を歩き、長崎からオランダ船に乗って本国に戻ります。

『ガリバー旅行記』の中でも有名な第四篇では、ガリバーはなんと馬（フウイヌム）の国にたどり着くのです。馬とはいいながら、そこの馬たちは人間よりもはるかに理知的で理想的な生き方をしています。同じくそこに住んでいる人間そっくりの「ヤフー」という不潔で野卑なケダモノとはまったく対照的なのです。

ガリバーは一生懸命に馬の言語を学習し、馬たちの良心に従った考え方や生き方を理解しようと努めます。そして自らの心の中の虚偽やごまかしを嫌うようになり、もう二度と人間の世界には戻るまい、この国で生きようと決意します。

しかしいくら努力しても馬たちから見ればガリバーは所詮、一匹のヤフーにすぎないのです。ある日ガリバーが素っ裸になって川で水浴びをしていると、それを見ていた雌のヤフーが発情してガリバーめがめて抱きつこうとします。危いところを馬から助けてもらうのですが、詰まるところ自分がヤフーであることを自覚し、絶望のどん底に落ちてしまいます。

そして恐れていた日が訪れます。馬の国の会議で、ガリバーの主人にあたる馬は家族としてヤフーを養っていることを非難され、ガリバーの国外退去の警告が出されます。こうしてガリバーは涙ながらに馬の国から丸木舟に乗って脱出します。

危険な航海ののち、辛くも「ニュー・ホランダ（オーストラリア）」に上陸しますが原住民の矢で左足を傷つけます。岩陰に隠れているところを水を得るために上陸したポルトガルの水夫に見つけられ、ドン・ペドロという親切な船長の世話で無事にイギリスに戻ることができました。しかし自分の家におちついてもなお二頭の馬を飼い、家族よりも馬たちを愛して時間を過ごすというところで『ガリバー旅行記』は終わります。

以上、第三篇と第四篇のあらすじを紹介してみました。

第四編は風刺文学、あるいはブラックユーモアの最高峰の例としてしばしば話題にのぼるところで、今さら私が口をはさむ必要はまったくありません。しかし、第三篇に登場する「日本ならびに踏み絵」に関する部分はどういうわけか素通りされているように思われてなりません。新潮文庫の解説も、岩波文庫のそれもまったく触れていませんし、阿刀田高の『あなたの知らないガリバー旅行記』でも、中野好夫著『スウィフト考』もそうなのです。私が目にした海外の論評にしても日本が出てくる箇所は見つかりませんでした。

この本はその無視されたところに光をあてると同時に、イギリス人スウィフトの目を通した鎖国日本と、唯一、貿易を許されたオランダ人の生き方を明らかにするものです。名著『ガリバー旅行記』を一歩でも深く理解するための手立てになれば幸いです。

第一章

舞台は東半球

スウィフトを知っていますか？

ジョナサン・スウィフトという名前を知らない人でも『ガリバー旅行記』は知っているでしょう。ガリバーの髪はカールした茶髪のロングヘアーで、外套のような服を着て、そのままの姿で長崎の出島の中に立ったならば、オランダ人にしか見えないあのヒトです。

リリパット（小人）国では浜辺に打ち上げられ、眠り込んだところをそのまま綱で全身を縛りつけられたところなど挿絵でおなじみです。身体が大きいので大掛かりなことを平気でやってのけます、読んでいて痛快になります。ところがブロブディングナグ（大人）国では、逆に小さくなるので、危うく踏み殺されそうになったり、ペットのような待遇を受ける羽目になります。その逆転劇は子供、大人に関係なくとても面白いのです。

そんなガリバーが色んな架空の国々をめぐる物語が『ガリバー旅行記』で、今でもダニエル・デフォーの『ロビンソン・クルーソー』と共に世界中の少年少女たちに広く愛されています。その原作者がスウィフトです。

スウィフトは一六六七年にイギリスの植民地アイルランドの首都ダブリンに生まれました。両親ともイギリス人でしたが、父はスウィフトが生まれる前に二十七歳の若さで亡くなり、母は、スウィフトを生んだのち亡夫の長兄（スウィフトの伯父）を頼り、自分はスウィフトの姉に当たる娘を連れてイギリスの故郷に戻ってしまいます。こうしてスウィフトは弁護士だった伯父の家で乳母の手によって育てられます。ところが彼女は嬰児（スウィフトのこと）を溺愛するあまりダブリンから連れ去り、三年間、自分の故郷北アイルランド（ホワイトヘイブン）で養うのです。スウィフトの生涯はこうして幼少からして波乱に満ちたものでした（『スウィフト考』）。

スウィフトはダブリンに生まれ、ダブリンの教会で亡くなりますが、それでもアイルランド人ではありません。なぜなら彼の祖父はイギリス国教会派（英国王を主首とした新教徒）の牧師で、イギリスで起きた清教徒革命から逃れるような恰好でアイルランドに移住し、その孫がスウィフトに当たるからです。スウィフトには生粋のイギリス人の血が流れていたことになります。

スウィフト四十三歳の時の肖像 チャールズ・ジャーヴァスによる（ウェブより）

三歳で再びダブリンへ連れ戻されたスウィフトは、伯父の手によって育てられ、現地で最高学歴のトリニティ・カレッジを卒業し学士号を受けています。早熟で神経質だった彼は放縦で手に負えない生徒だったようですが、特別な計らいで大学を卒業させてもらい、二十二歳のときアイルランドを出てイギリスに渡ります。

ここで母親と面会し（彼女がイギリスに戻った時期がスウィフトの三歳以前とすれば瞼の母との出会いになります）、将来の身の振り方を相談し、彼女の紹介によってスウィフト家とは旧知の仲であった貴族、ウィリアム・テンプル卿の食客（居候）となります。テンプル家はイギリスの名門中の名門で、有能な人物を輩出しています。ウィリアム・テンプル自身が政治家、外交官、学者、思想家として有名で、彼の世話によってスウィフトは二十五歳でオクスフォード大学の修士号を手にすることができました。

テンプル家で秘書のような仕事を手伝いながら、口述筆記、論文や外交上の覚書などを書き、政治、文学、歴史などに関心を深めてゆきます。古典や航海記などを読み耽ったのもその頃の話です。このテンプル卿との出会いがなかったらスウィフトの生涯はまったく違ったものになっていたと思われます。彼はのち、卿の代理としてイギリス国王ウィリアム三世の下に助言を与えに派遣されたこともあります。

二十八歳の時に生活の手段としてイギリス国教会の聖職者になる決心をし、北アイルランドで司祭になりますが、まだまだ野心に満ちていた彼は翌年（二十九歳）、テンプル家に戻り、そこで十四歳年下の娘、通称「ステラ」と出会い、以後切っても切れない謎の関係が始まります。スウィフトの女性関係は、今でも不明な点が多いそうです（『スウィフト考』）。

三十二歳、彼の面倒を見てくれたテンプル卿が亡くなると、彼の回想録を書こうとしたのですが、遺族や友人たちと対立しアイルランドに戻り、翌年、三十三歳でダブリンの聖パトリック教会の参事会員になります。

三十四歳で神学博士の学位をとりますが、田舎の司祭におさまるのを嫌い、ロンドンに出て、政治的なパンフレットを発表し、民権派の政党から論客として認められます。

三十七歳の時、ウィリアム三世を継いだアン女王（ウィリアム三世の妃メアリの妹）が即位して比較的自由な雰囲気が生まれ、文運隆盛の時代を迎えます。そんな中で『書物合戦』と『桶物語』という風刺文学を出版、文壇で名前が知られるようになります。

当時ロンドンは「コーヒーハウス」なるものが人々の社交場となって、まだめずらしかったコーヒーやチョコレート・ドリンク等を飲みながら政治談議や世間話でにぎわったといわれています。スウィフトもその一人となって、才気走った言葉で文学や政治を論じたことでしょう。しかし詩人として世に出るという彼の悲願はついにかないませんでした。

鋭い論法と毒舌に長けていたスウィフトはその後、対立していた二つのイギリス政党（民権派と王党派）の論争に身を置き、初めは民権派にいたのですが、途中から王党派に変節します。「両党の論争にはロンドンの犬や猫までもが巻き込まれた」、というジョークが残されるほどそれは激しいものでした。

四十歳、イングランドとスコットランドが合併し、「グレート・ブリテン」になります。この時、初代ユニオンフラッグがつくられました（一七〇七）。

四十三歳、スウィフトの肖像画が描かれます。それは彼が政界や社交界で良く知られた存在になったことを意味します。この年、王党派の機関紙の編集と執筆を引き受けます。のち彼は往時を思い出して「自分は牧師としての説教を書くよりも、政治的パンフレットの方を多く書き過ぎた」と振り返っています。

四十六歳、アイルランドで得た最後の地位は、聖パトリック大聖堂の首席司祭という決して低くないものでした。しかし彼は不満だらけで、翌年王党派内部での調停役を頼まれると、またまたロンドンに出かけます。

四十四歳、二十四歳年下の「ヴァネッサ」を愛し始め、ステラとの間に奇怪な三角関係が生まれます。

四十八歳、アン女王が亡くなると同時に王党派が衰え、彼の世俗的な栄達の望みは完全に断たれ、失意のうちにダブリンに戻ります。この時、「またしても私は島流しにされた」と怒りと絶望とをあらわにしています。

五十三歳、この頃から猛然と執筆活動にかられ、アイルランド問題に関心を持ち、愛国者としての一面をみせます。以来、スウィフトは現在にいたるまでアイルランド人から非常な尊敬を集めています。

五十九歳の時に『ガリバー旅行記』を出版（一七二六）。動機は前年、政治ジャーナリストとしてライバルだった非国教会派のデフォーが『ロビンソン・クルーソー』を発表し、大ヒットしたのを目にして闘志を燃やし、取り組んだとされています。

しかしそれがひとたびロンドンで出版されるや非常な評判を博しました。初版は一週間で売り切れ、彼の名前は世の中に知れ渡り、引っ張りだこになったのです。そこまでは良かったのですが、若いころからの持病であった眩暈《めまい》と難聴（メニエル氏病）が悪化し、六十歳後半からは記憶も失い、最愛のステラにも先立たれ、最後は廃人同様になってこの世を去りました。七十七歳でした。遺産の大部分は、遺言により狂人病院の建設費のために残されました。

　このような生涯を送った人が果たして少年少女のために楽しく明るい読み物を書き下ろすことがあるでしょうか。いいえ、いいえ、決してそんなことはありません。彼の作品はそれとは正反対の人間に対して手厳しい、皮肉やブラックユーモアに満ちた大人のための文学で成立していたのです。

　彼自身が手紙の中で「私が『ガリバー旅行記』でいいたかったことは、世間を楽しませるというよりは、苛立たせることにあった」とハッキリ書いています。「苛立たせるため」という表現に彼の底意地の悪さをおぼえます。

　にもかかわらず『ガリバー旅行記』は歓迎されました。いったい当時のイギリスの人々は『ガリバー旅行記』のどこに共鳴したのでしょうか。この本ではその謎を、「踏み絵」をキーワードとして解き明かしてみようと思います。

　なお「イギリス」は、歴史的にはスコットランドをのぞいた「イングランド」とするのが正しいのですが、近世の日本人は「エゲレス」を用いていたので、そのまま「イギリス」を使用します。

漱石と『ガリバー旅行記』

じつは日本人として初めてスウィフトと正面から取り組んだ人は、明治の文豪夏目漱石でした。いいえ、それだけではありません。

近代の作家ではスウィフトの『ガリバー旅行記』が一番好きだ。多くの人はこれを名文とは思わないが、これは名文の域を通り越しているから、普通人にはわからぬのである。実に達意で自由自在で気取っていない。ケレンがない、ちっとも飾ったところがない。子供にも読めれば、大人も読んで趣味を覚える。誠に名文以上の名文であると自分は思う。

（『余が文章に裨益せし書籍』）

と大変な惚れ込みようなのです。

明治三十三年、漱石は文部省から英国の教育法を学ぶよう命じられ、イギリスに留学します。留学費には限りがあり、購入する洋書は高価なので、できるだけ交際費を節約しながら猛勉強したようです。彼の下宿を尋ねた日本人の友人や知人は、口を揃えて部屋の中の書籍の山にあきれています。

挙句の果てに周囲の留学生たちから「夏目は精神に異常をきたした」とささやかれ、文部省も彼にすぐに帰国するよう電報を打ったのですが、彼と一緒に帰国を命じられた人たちの目には何の異常はなかったので、最後まで留学をまっとうすることができました（『漱石全集別巻』）。

帰国すると漱石は東京帝国大学の英語の教師を命じられます。彼の前任者はラフカディオ・ハーンすなわち小泉八雲で、彼は明治の初めに高額な給料で採用された外国人（お雇いと呼ばれました）でした。その頃になるとこういう風に帰国した留学組の日本人へと入れ代わっていく様子がわかります。

漱石の『文学評論』は執筆されたものではなく、教室での講義をまとめたものです。その中で『ガリバー旅行記』について彼は次のように切り出しています。文章は読み易くしています。


『ガリバー旅行記』というと、今では何か子供だけが読む書物に成り下がったようで、『かちかち山』の長いものだと心得ている人が随分いる。スウィフトにはなはだ気の毒である。なるほど子供として読めば、子供の読み物としてすこぶる面白いのであろう。しかしながら大人の読み物としても立派なものである。下手な小説や詩などを幾十冊積んだところで到底『ガリバー旅行記』に及ぶものではない。否、かかる種類の中では、古今の傑作である。

『文学評論』は明治三十八年から明治四十年の一年半にわたっての講義録ですが、すでにこの時点で『ガリバー旅行記』が子供向けの物語として親しまれていたことがわかります。漱石は続けて『ガリバー旅行記』のストーリーを紹介します。

『ガリバー旅行記』は四篇から成る。第一篇はガリバーがリリパットという所へ旅行した話である。このガリバーという冒険者は好んで冒険をやる訳ではない。この男が船に乗って出ると必ず遭難する。難船して知らぬ国へ上陸すると必ず妙な所へ行く。だからこれは受動的な冒険者というべきである。

それで彼が最初の航海に難船して上陸したのがリリパットという所で、日本語でいえば小人国である。この国の人間は普通の人間の十二分の一くらいの大きさであるから、万事万端がその格（スケール）で行く。そこで様々な冒険がはじまる。いかにも子供だましのようであるが読んでみるとすこぶる文学的に良くできている。

第二篇に到るとガリバーがブロブディングナグという所へ行く。これは小人国の反対で大人国である。いままでは自分が大人をもって任じていたものが、急に小人になっておおいに恐慌する模様が、これまた文学的にうまく書かれている。

第三篇はいろいろなところへ行く。ラピュータ（空に浮かんだ国）のみならず、色々の国を巡回している。遠くわが日本にまで来ているのだから偉い。ただし彼はラピュータへ渡る前にすでに日本の海賊船に出会っているから「ジャパン」なる言葉が出てくるのは第三篇のはじめからである。そうして終いにはとうとう日本に乗り込むのだから面白い。もっとも作品全体からいって面白いのでもない、また文学的に面白いのでもない。また風刺が面白いのでもない。じつは文学上からいうと、あってもなくても差し支えないくらいな場所であるが、とにかくスウィフトが日本を『ガリバー旅行記』の中に書き入れたところが、日本人たる我々から見ればすこぶる興味を惹くのである。

と、ここにきて漱石は、よくぞガリバーの旅行先に日本を登場させてくれたと手放しで喜んでいます。そして日本に上陸して帰国するまでのガリバーの様子を次のようにまとめています。ここではガリバーには親しみを籠めた「君」がつけられています。

妙なことにガリバー君が日本の皇帝に紹介状をもらっている。それで最初に上陸した地はクサモシ（Xamoschi）という日本南東の極というから、或いは鹿児島のことかもしれない。その後、嘆願して長崎へ下る。ガリバーは「長崎では踏絵ということをやるそうだが、それだけは御免こうむりたい」と皇帝に嘆願している。皇帝はすこぶる驚いて、「今までオランダ人の中でそんな頑固を言い張った者はひとりもいないのに…」といわれたとある。際どいところで風刺をやったものである。しかしこれなどは吾人にとってのみ興味があるのであって、他国人からいえば極めて平凡だろう。

『文学評論』はさらに第四篇の「フウイヌム（馬）の国」に続きますが、それはここでは必要ないので省略します。ガリバーが日本に来て、オランダ人が行う「踏み絵」を非常に嫌がったことがわかればそれで十分です。

そうなのです。ガリバーは十八世紀の初めつまり、江戸中期の日本にやって来るのです。日本では宝永六（一七〇九）年に当たり、六代将軍家宣の顧問、新井白石が屋久島から潜入したイタリア人宣教師シドッチを尋問した年に当たります。

ところで漱石にいわせれば「第三篇は文学上からいうと、あってもなくても差し支えない」というのですが、本当にそうなのでしょうか。原作者スウィフトは気まぐれな気持ちでガリバーを日本に向かわせたのでしょうか。

またガリバーが皇帝に踏絵だけは勘弁願いたいと懇願したのを、漱石は「際どいところで風刺をやったものである」というのですが、それはどんな意味だったのでしょうか。しかも漱石はそれが日本人にしかわからない、外国人から見れば「極めて平凡なもの」と決めつけているのですが、果たしてそうだったのでしょうか。その辺りをさらに考えてみたいのです。

ガリバーが日本に来るまで

いうまでもなく『ガリバー旅行記』の主人公はイギリスで生まれました。彼の父はノッティンガムシアに地所を持っていて、五人の男の子のうちガリバーは三番目の子供となっています。

十四歳のときに、ケンブリッジ大学のエマニュエル・コレッジに入学し三年間をその寮で過ごします。卒業後、学費がかさんだのでロンドンの有名な医師の下に四年間の年季奉公に出されます。将来いつか海外に出かけようと思い込んでいた彼はその間に数学や航海術を勉強します。

奉公が終わると、父や叔父にオランダのライデンで医学を学びたい旨を告げ、学費の援助を頼んだのち、二年七ヵ月間留学します。当時オランダは世界で最尖端の医学が学べるところでした。そこで医者の免許を手にし、帰国するとまもなくスワロー号の船医として三年半勤務して地中海方面に出かけます。航海から帰ると彼は二十七歳になっていました。

二年後、彼はロンドンで開業医となり結婚します。ところが彼は正直で、医者なら誰もがやっている不正請求をしなかったもので（医者が読んだら不愉快になる箇所です）、二年もたつと経営が悪くなり、もう一度船に乗る決心をします。このの ち彼は経済的に追いつめられると船医という職業に逃げ込む性癖を身につけてしまいます。

続けて二つの船の船医を六年間務めたのち、西インドや東インド諸島に数回出かけ、さすがに海上生活にもあきあきしたので、我が家におちつき二回引っ越しするのですが、やっぱり開業医としてはどうしてもうまく行かず、さらに三年の月日が流れてしまいました。この時彼は三十八歳です。

そんな彼に太平洋に航海に出ようとしていた船長から、好条件で乗船をすすめられます。こうして船医に雇われたガリバーは東インド目指して航海中に、船が遭難し、リリパット国に迷い込むことになります。『ガリバー旅行記』によればその国にいたのは一六九九年十一月から一七〇一年九月の二年間とされています。

さてその後帰国して十ヶ月たつと、彼はまたもや故国を飛び出ます。

一七〇三年六月、船はマダガスカル島の北部で西風に襲われモルッカ諸島の東まで流されてしまいます。そこからさらに北東に吹き流され、今でいう北太平洋のはずれに迷い込みます。

陸地が見えたのでボートで上陸し、探検しているうちに一行とはぐれたガリバーはブロブディングナグ国に足を踏み込むこととなります。その国で三年が過ぎたある日のこと、彼はカバンの中の自分の部屋で快適に休んでいたところを鷲にさらわれてその国から脱出します。やがてそのカバンは海に放り出され、運よくイギリス船に拾われて無事帰国を果たします。彼はすでに四十四歳になっているのがわかります。

もう航海には出てくれるなと妻から懇願されたにもかかわらず、ガリバーはさらに新しい旅に出ます。もうすっかり放浪癖を身につけていたのでしょう。

それは一七〇六年八月のことでした。こうして太平洋上にあるラピュータ、バルニバービ、ラグナグ、グラブダドリップそして日本をめぐる第三篇がはじまります。結局、ガリバーが日本に来たのは五十歳前後になります。挿絵などを通して私たちが親しんでいるガリバーよりもずっと老けていたことがわかります。

なおガリバーが旅行する国々で、唯一日本だけが実在します。その意味で日本訪問は異彩を放っているのです。

地図が教えてくれるもの

『ガリバー旅行記』には各章の初めに必ず地図が登場します。もちろんこの地図はスウィフトが自分で勝手につくったものですが、しかし大体の場所はわかります。

まず第一篇の地図の右上の島名をごらんください。「スマトラ」という文字が読めるで

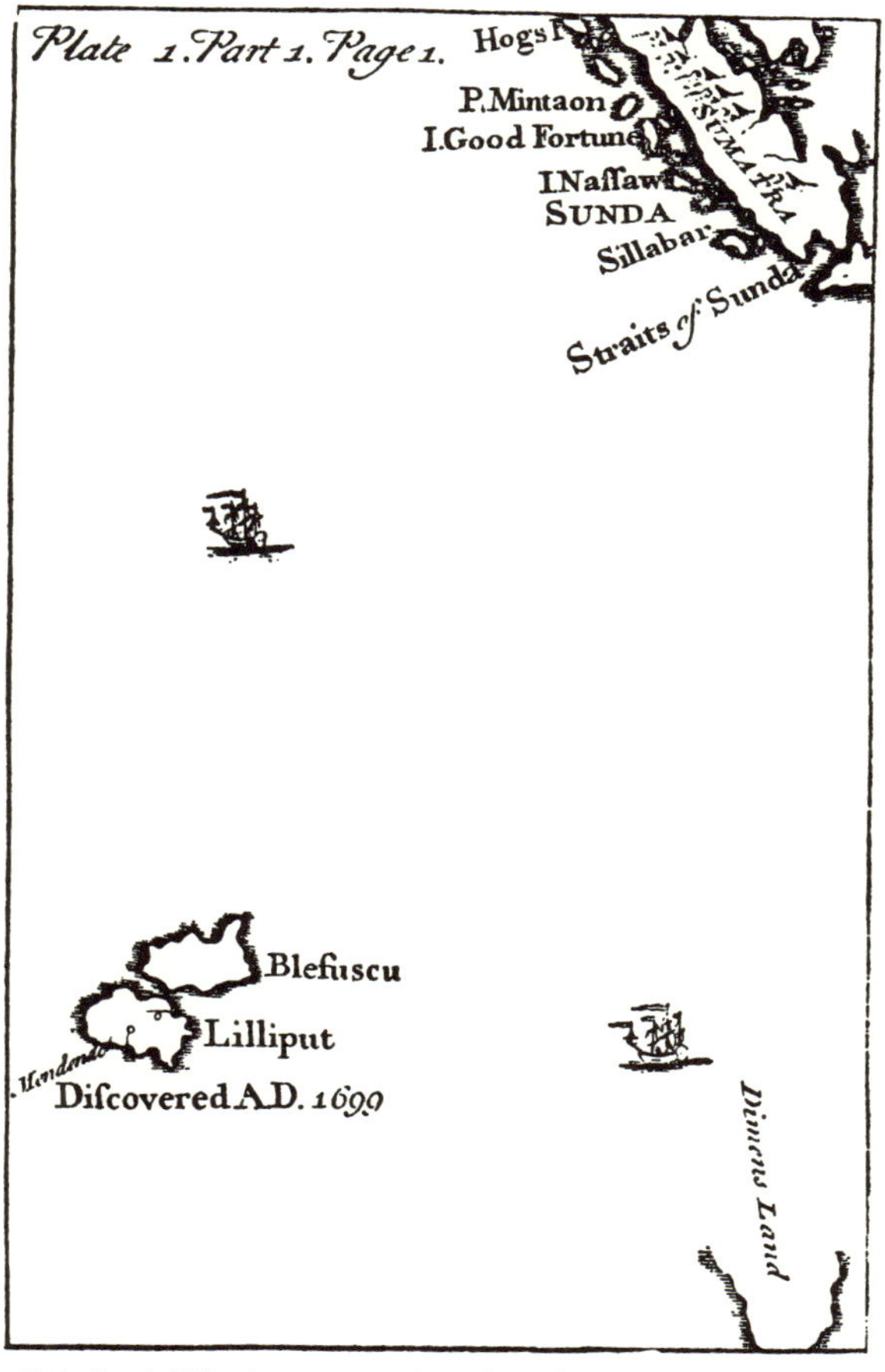

リリパット国とブレフスキュ国の地図（“Gulliver's Travels” by Norton Critical Editions）

しょう。その下には「スンダ海峡」があります。スンダ海峡を挟んだ隣がジャワ島で、オランダの東インド会社の拠点がジャカルタにありました。オランダ人はジャカルタのことを「バタビア」と称し、江戸期の日本人は「ジャガタラ」と呼んでいました。ややこしいですね。

これらはすべて実在の名称です。ここから南西方向海上に描かれている島がリリパットです。つまり小人国はインド洋上にある島であることがわかります。西暦一六九九年に発見されたと記されています。その年にガリバーが上陸したからです。

さらにリリパットの北に同じサイズの島があります。これがブレフスキュ国で、その国から船団を組んでリリパットに攻め入ろうとしたときに、ガリバーが大活躍して五十隻もの巨艦を一網打尽にして、リリパットに持ち帰るという大手柄を立てました。その結果、ブレフスキュ国はリリパットに和平を申し込みます。

しかしそれはリリパット国の海軍提督にとっては自分のお株を奪われたわけで、不愉快きわまりないことでした。ある時、宮廷が火事になりガリバーが放尿して延焼を食い止めます。海軍提督はそれを不敬罪として申し立て、ガリバーを失明の刑にしようと陰謀をめぐらします。幸いにも事前にそれを察知したガリバーは首尾よくお隣のブレフスキュ国に逃れます。彼はかつて国王から招待を受けていたので歓迎されます。そこで月日を送るうちに、たまたま転覆した自分のサイズに合ったボートが漂っているのを発見し、それを漕いでブレフスキュ国に別れを告げます。

沖合いでたまたま日本から帰帆する途中のイギリス船に救助され、こうして無事に帰国を果たすことができました。このように『旅行記』第一篇の終わりからしてすでに「日本」が登場するのは注目に値します。

しかし実際の歴史では日本は鎖国政策をとっており、平戸にあったイギリス商館はすでに撤収したあとで、「日本からイギリスに戻る船」などありません。スウィフトの頭の中にはイギリスが日本に商館を持っていたことだけが記憶されていたようです。

第二篇の冒頭の地図（三六頁）に移ると、ブロブディングナグ国（大人国）が島でないことがわかります。すなわち北アメリカ大陸の太平洋側の一部になっています。当時この辺りの地形はあいまいで良くわからない場所でした。ここで興味深いのは、右中ほどに「アニアン海峡」が顔を出しているところです。この海峡は現在の地図ではいくら探してみても見当たりません。

それは十六世紀にヨーロッパで想定された海峡で、北アメリカ大陸のどこかにあって、大西洋から太平洋に抜けるアジアへの近道であると信じられていた海峡なのです。ですからイギリスやフランスから数多くの探検家が北大西洋からカナダの北方の海へと果敢に冒険を試みます。でもすべて失敗に終わりました。

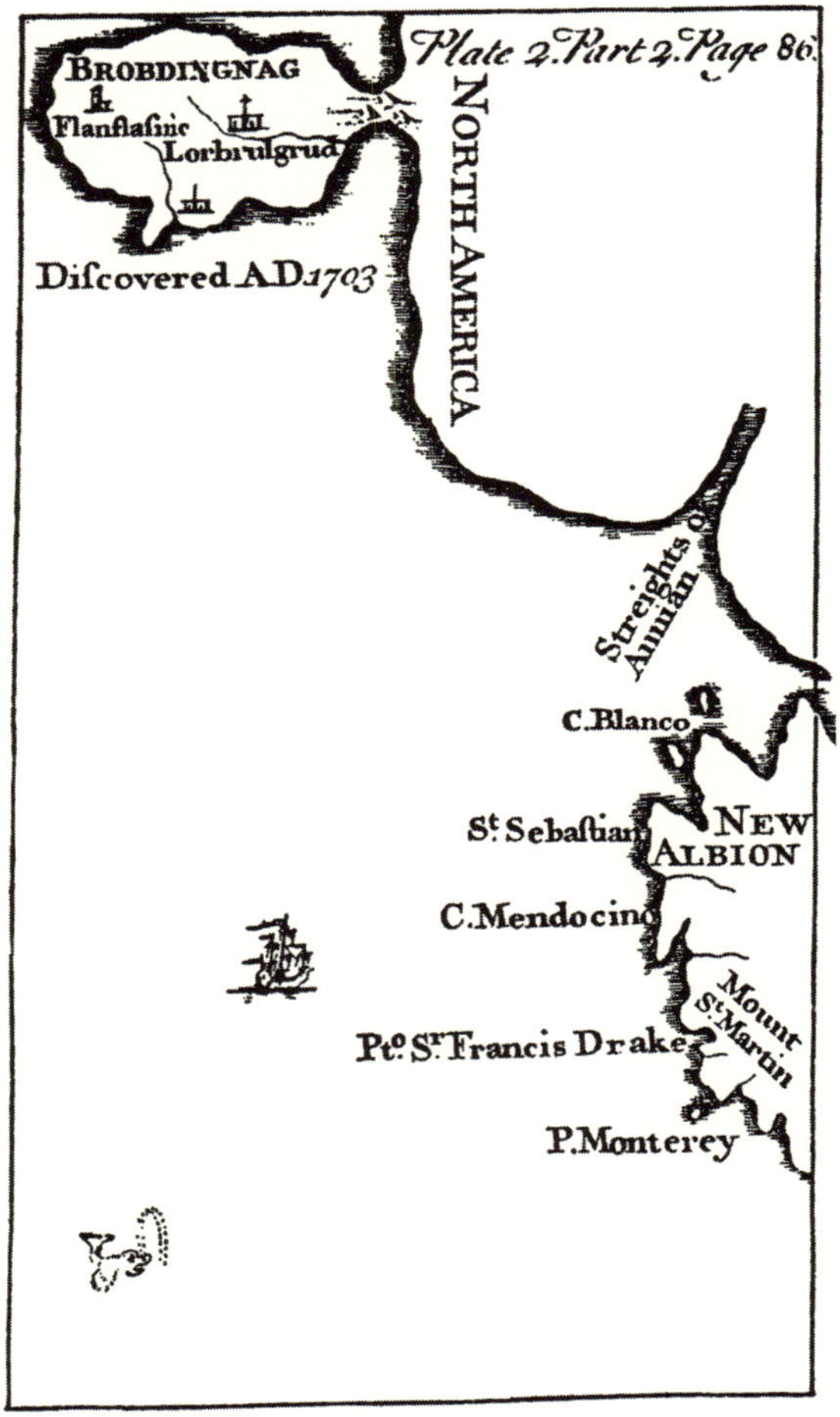

ブロブディングナグ国の地図　アニアン海峡が見える
(“Gulliver’s Travels” by Norton Critical Editions)

またのちになると北太平洋側からもアニアン海峡への捜索を試みます。でもなかなか成功に到りません。ようやく十八世紀末、カナダのマッケンジーによるカナダ内陸探検と、イギリス海軍のバンクーバーによる北米太平洋岸探検航海の結果、アニアン海峡が伝説であることが証明されます。以後、地図の上から永久に葬り去られました。スウィフトはその前の時代を生きた人ですから、アニアン海峡を真顔で書き込んだわけです。

第三篇の地図（三八頁）には左隅に日本が描かれています。西洋から見ると極東に当たるこのエリアこそが、ヨーロッパの地図の制作者たちをもっとも悩ませた個所です。

まず誰もがおどろくのは本州よりも巨大に描かれた北海道でしょう。しかし北海道（当時は「蝦夷《えぞ》」と呼ばれていました）が描かれているだけでもたいしたものなのです。ヨーロッパ人は西から日本にアプローチしたので初期のヨーロッパで描かれた日本地図には北海道は姿を現していません。それはまるで首の無い日本列島のように見えます。

そこへ行くとイエズス会士やオランダ人が足を踏み込んだ西日本はよく描けています。京都に当たるところには「みやこ（京都）」の字が見えます。四国には「土佐」があり、九州には「豊後」があります。九州の南の島には鉄砲伝来の「種子島」が記されています。九州の左側は隠れてしまい「ナンガサク（長崎）」は書かれていませんが、スウィフトはきっと正しく認識していたに違いありません。

日本列島の太平洋側に大きな島々があるのが今の我々の目には不自然に映りますが、当時の人々にとっては太平洋がどうなっているのか皆目わからない未知の場所でした。だからこそスウィフトは架空の国々を設定するに当たり、太平洋やインド洋を選んだのだと思われます。もしこれが大西洋だとしたら読者は地図を見ただけでしらじらしい気持ちになったことでしょう。

ついでに最後の第四篇の「フウイヌム（馬）の国」の地図も御覧にいれます。

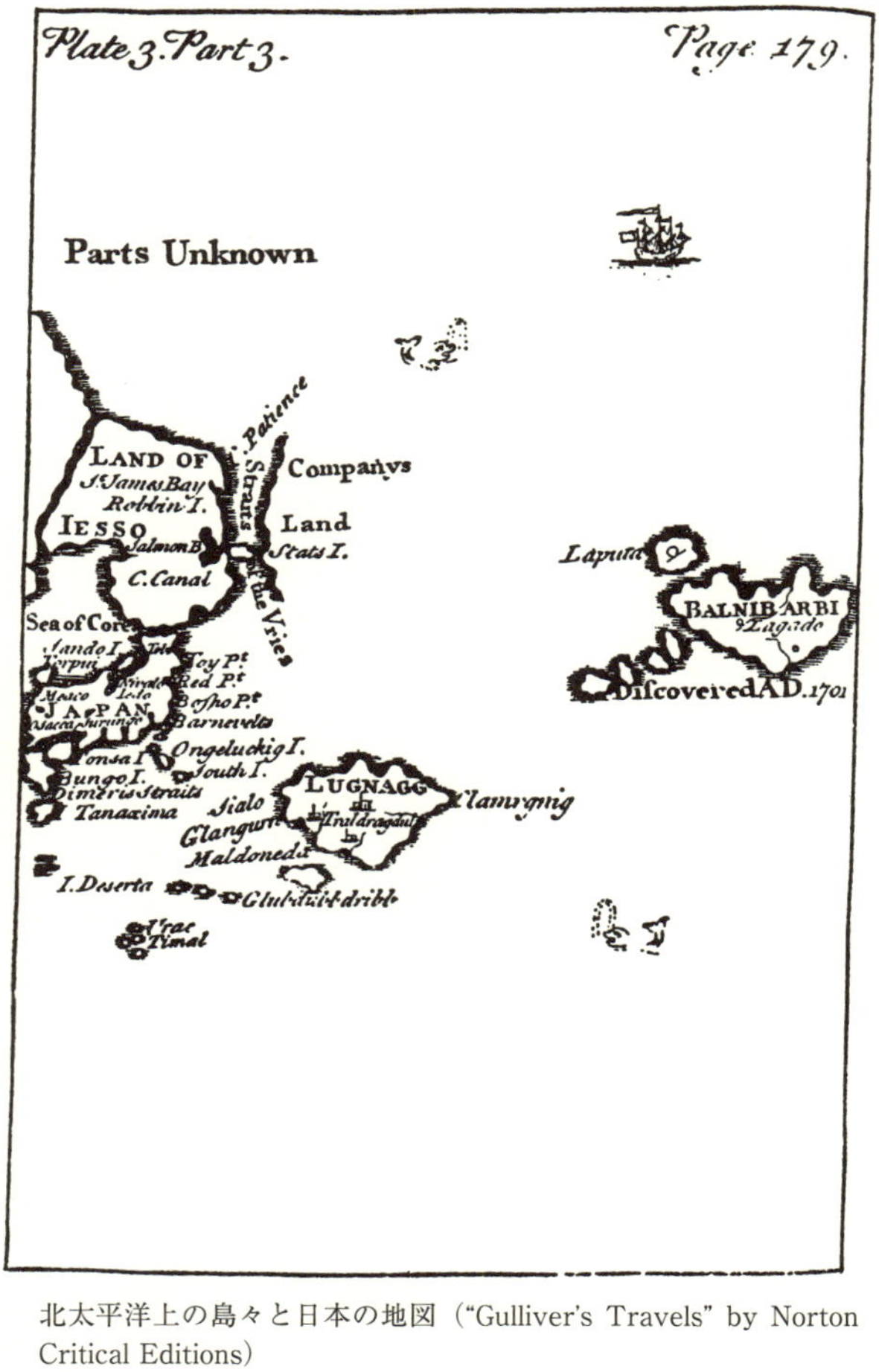

北太平洋上の島々と日本の地図（“Gulliver’s Travels” by Norton Critical Editions）

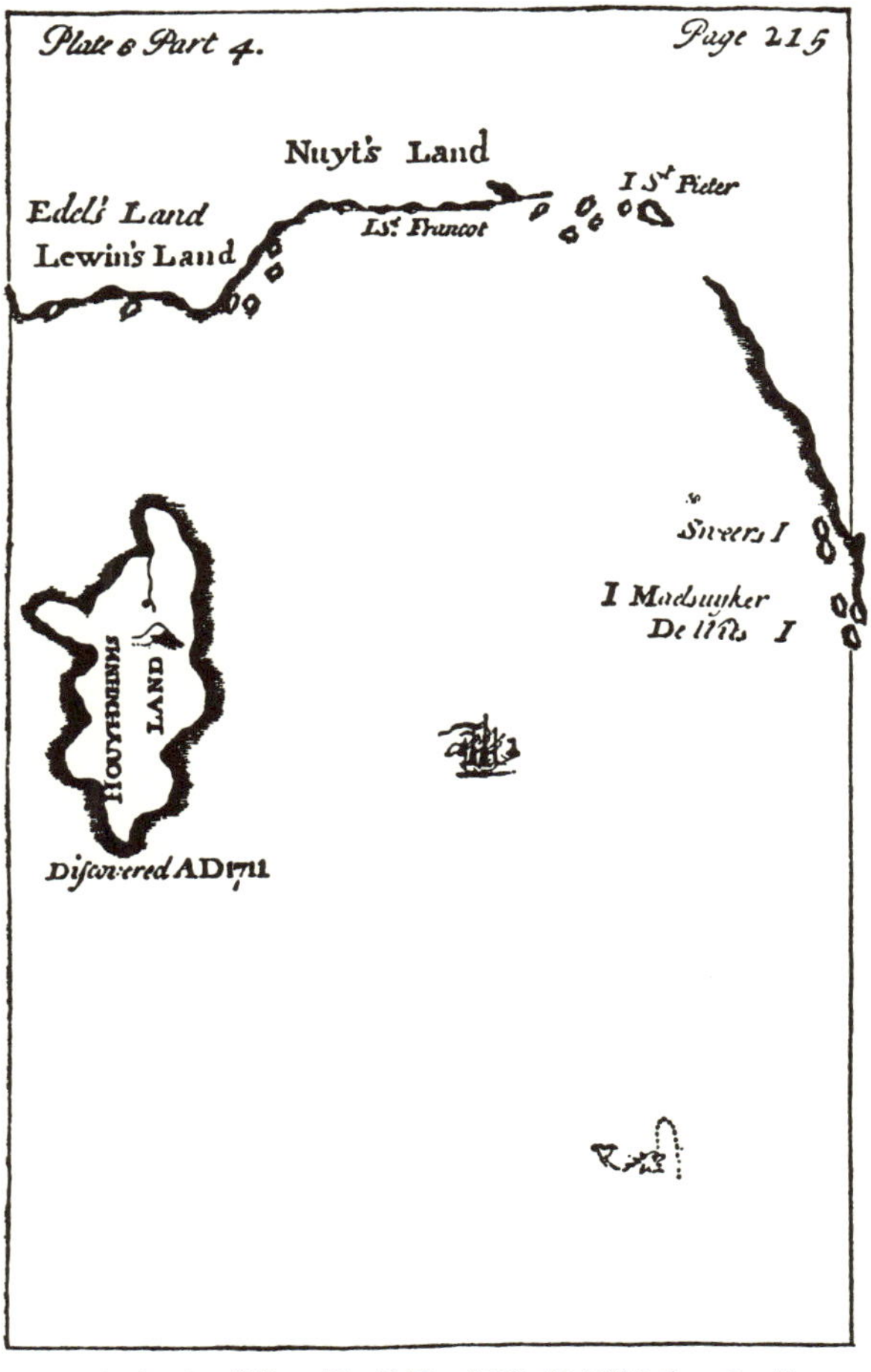

フウイヌム（馬）の国の地図　右下に鯨が潮を吹いている
（“Gulliver's Travels” by Norton Critical Editions）

ここではなじみの深い地名は登場しません。しかし本文の内容には、馬の国から追放されたガリバーが丸木舟で「ニュー・ホランド」すなわち「新・オランダ」にたどり着くとあります。「新・オランダ」とは、喜望峰を経由したオランダ船がそのまま東へ流され漂着したオーストラリアの西海岸です。そのことから馬の国がインド洋上にあることがわかります。

以上、四枚の地図を通してわかることは、スウィフトが仮想した国々はいずれもが東半球にあるということです。『ロビンソン・クルーソー』の舞台が大西洋の真ん中、カリブ海のトリニダード島からはじまることを考えると、スウィフトが意図的に西半球を避け、自らの空想を東半球に展開させたのも理解できるような気がします。

なお『ガリバー旅行記』の原題は『遠い国々へのガリバーの旅』で、「ガリバー」には「愚か者」という意味があるそうです（岩波文庫『ガリヴァー旅行記』）。確かに医者として不正請求を続けていれば、何も船医にはならなくて済んだわけで、そんな意味では「愚か者」ということになるのかもしれません。

第二章

ガリバーを生んだ大航海時代（一）

トップランナーはポルトガル

代の文学」です。

『ロビンソン・クルーソー』も『ガリバー旅行記』も、十八世紀に書かれた「大航海時代の文学」です。

大航海時代といえば皆さんは何を思い浮かべますか。ある人はコロンブスの「新大陸発見」を思い出すでしょう。ある人はバスコ・ダ・ガマの「インド航路の発見」かもしれません。いずれにしてもそれまで岸伝いにしか航海することができなかった航海が大海原に堂々と乗り出した結果、新しい世界の発見や、それに伴う大きな流通革命が起きた時代を指しています。

そのはじまりは磁石にありました。磁石の発見は中国です。古代中国にはその性質を利用して方角を教えてくれる「指南車」というものがありました。車の前方には木彫の人形が常に南を指して立っているのです。つまりそれは磁石の原理を応用したに違いないのです。

十四世紀ごろ、磁石が西洋に伝わるとヨーロッパの人々はそれを地中海貿易に利用します。それまで季節風だけが頼りだったのに、方角を確かめながら航海できるようになりました。

目的地までの方角、距離、緯度がわかってくると地中海の地図が進歩します。彼らは地図の中に方角がわかるようにたくさんの線を書き込みました。それは「ポルトラーノ」と呼ばれています。

地中海でポルトラーノを用いながら航海の経験を重ねてゆくと、やがて地中海を出て大西洋に乗り出そうとする気運が生まれてきます。つまり地中海は大航海時代の揺りかごであったといえるでしょう。

東洋と西洋の物産をめぐる交流は、人間が大航海に出るはるか以前から陸路を通してはじまっていました。その最たるものが「シルクロード」です。中国でしか生産することができなかった絹織物や、香料諸島（モルッカ諸島）で採れ、インドに集められたコショウなどは、イスラム商人をはじめとした数えきれない多くの商人たちの手を経てヨーロッパに運ばれました。

軽くて艶のあるシルクは絶えず上流階級の人々から求められていましたし、冬に保存された食肉の匂いを消し、味を良くしてくれるコショウは生活必需品でもありました。ヨーロッパの入り口に位置したイタリアでは、十四世紀頃にこれらの商品を扱った資本を蓄積

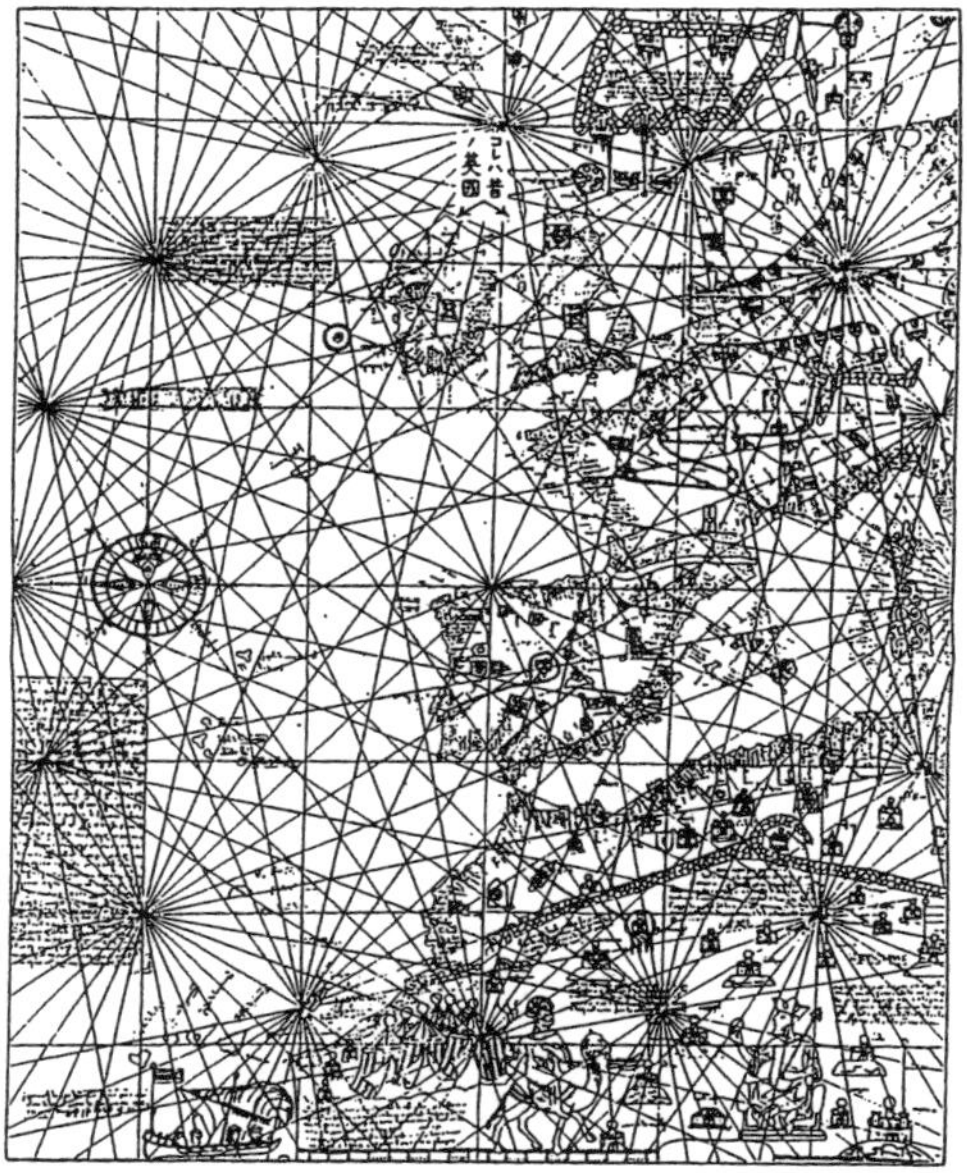

ポルトラーノ海図　イベリア半島、地中海、アフリカ北部に方位線がたくさん書き込まれている（『大航海時代の風雲児たち』）

し、そこから反中世的精神運動「ルネッサンス（文芸復興）」が生まれます。

しかし商人の手を経るごとに取引価格が高くなって行くので、同じヨーロッパでも、西端のイベリア半島に位置するスペインやポルトガルに運ばれたときには、最初の取引価格の五百倍から一千倍に跳ねあがっていたといわれています（『スパイスが変えた世界史』）。

このようなポルトガルやスペイン、また北方のオランダやイギリスに住む人々にしてみると、まことに貧乏くじを引いた思いだったでしょう。でも大航海時代の到来はその状況を逆転させます。航海術を用いて大海を渡り、ついに独力で東洋への道を切り開くのです。その大航海時代の先頭を切ったポルトガルについて話をします。

ポルトガルにはエンリケという王子がいました。彼はヨーロッパのキリスト教徒がイスラム教徒に対して起こした十字軍に参加して、自らもアフリカのセウタという都市を攻略、イスラム教徒の撃退に成功します(一四一五)。

そして捕虜となった商人たちからサハラ砂漠のさらなる南には多くの黒人が住んでいて、そこから大量の金が運ばれてくること、さらにアフリカのどこかにプレスタ・ジョンというキリスト教の王が君臨しているという不思議な伝説を耳にします(『大航海時代』)。

エンリケはそのプレスタ・ジョンと力を合わせてイスラム勢力を挟み撃ちにできないものかと考えて、アフリカ大陸を南下することを計画します。

その後、彼はイベリア半島の西南端に位置するサグレスに居をうつし、天文台を築き、大航海の研究事業を開始します。彼の下には優れた数学者、天文学者、地理学者、水先案内人などが集められます。港湾を整備し、そこから探検用につくられたカラベラ船をアフリカ沿岸の探検に次々と送りこんだのです。カラベラ船という船は、北ヨーロッパで使用された四角い帆と、インド洋や地中海で使用された三角帆が取り付けられ、船をより操り易くしたものです。のちコロンブスもこのカラベラ船を使って新大陸を発見しました。

当時の船乗りたちは南に行くにつれて気温が高くなるので、そのうち自分たちは焼け焦

カラヴェラ船　三角帆と角帆を導入し、操船性能が上がった（『西洋文明と東アジア』）

げてしまうのではないかと恐れていました。あるいは、あるところから急に海が滝のように垂直に落下して死ぬという恐怖にかられて、途中から何度も船を引き返しました。

しかしそれを繰り返すうちに、ついにこれ以上人間は住んでいないと考えられていたボジャドール岬に到達し、そこに人とラクダの足あとを目にします。「何だ。ここにも人が居るじゃないか」ということで、それ以後は迷信に惑わされることなくアフリカ大陸をずんずん南下します。原地人を奴隷として連れ去ることも始まります。

エンリケはポルトガル人が西アフリカのシエラ・レオネに達した年（一四六〇）に亡くなります。彼の事業は多額の国費を無駄に費やしたと非難されましたが、彼のお陰でポルトガルは大航海時代の先陣を切ることができたのです。そんなわけで彼は「エンリケ航海王子」とも称されています。

ところでお隣の大国スペインは、古くからモロッコ西岸沖にあるカナリア諸島を植民地としていました。ですからアフリカ西岸にもしばしば艦船を出し、ポルトガル人の神経を逆なでしていました。この両国の対立をなくすためにスペインはアフリカ西岸を南下しないという条約が交わされます（一四七九）。いいかえるとスペインは大西洋を西に向かうしかなくなったのです。

エンリケ王子が亡くなって十七年後（一四八七）、航海士バルトロメウ・ディアスがついにアフリカ南端を回り切ることができました。「喜望峰」の発見です。ディアス自身はそのままインドまで行きたかったのですが、乗組員の猛反対により泣く泣く断念したようです。

ディアスの船がリスボンの港に戻ったとき、迎える群衆の中にコロンブスがいました。彼はポルトガル国王に大西洋を横断してアジア（日本）に行く計画を打ち明けていたのですが、ディアスの成功を知り、この国にいても無駄だと察してスペインに旅立ちます。その結果スペインはコロンブスの計画に投資をして、新大陸発見（一四九二）につながります（『大発見』）。

そこでローマ法王は大西洋上に線引きをし、東をポルトガル領、西側をスペイン領と決

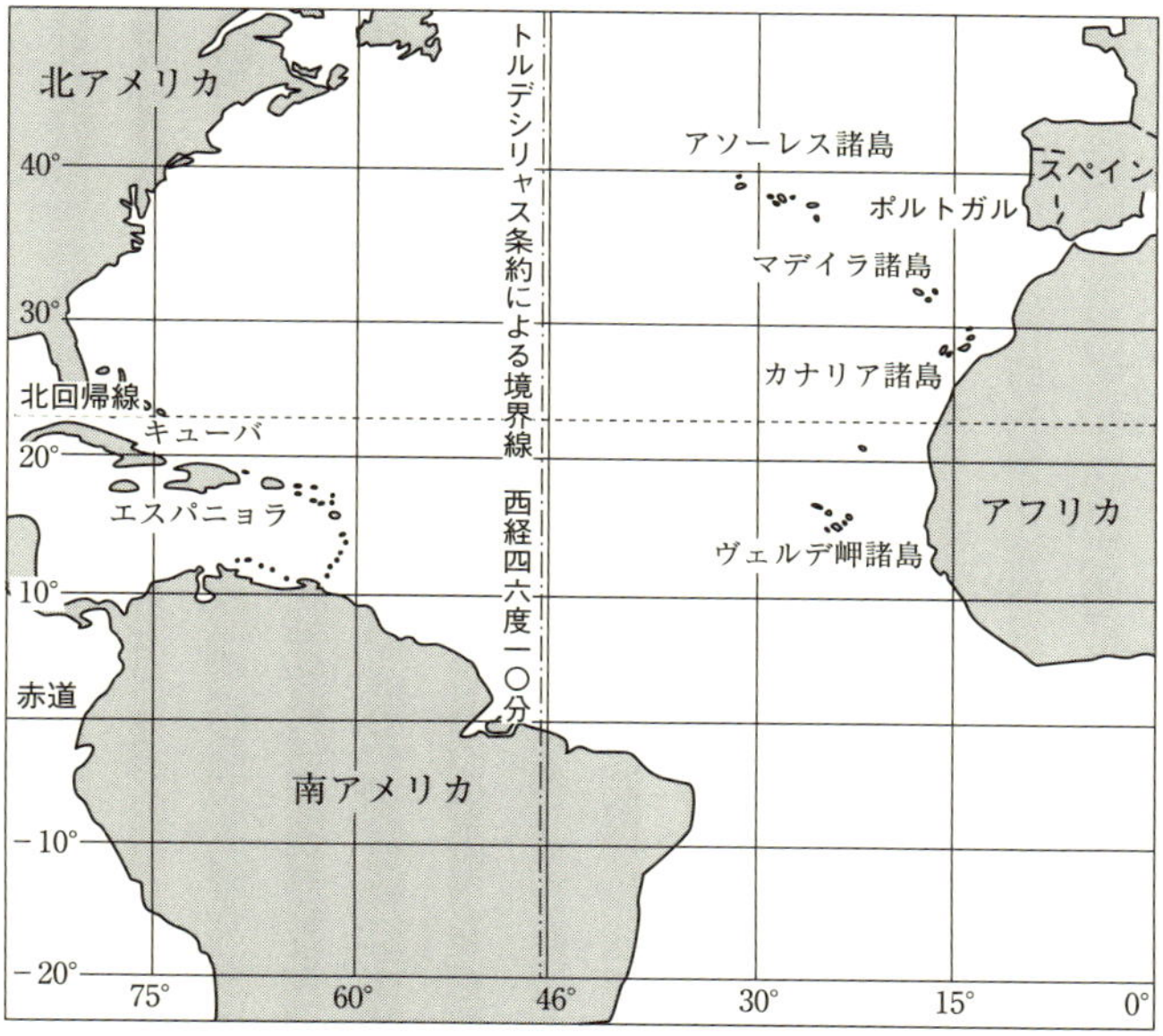

トルデシリャス条約による境界線（『大航海時代の風雲児たち』）

めました。それがトルデシリャス条約（一四九四）で、地球をまるでスイカを真っ二つに割るような分け方でしたが、正確に測量したものではなく双方の衝突が避けられたらそれで良かったのです。熱心なカトリック教徒であった両国民の精神的支えだったローマ法王は、彼らに領土を与えるかわりに布教活動とその維持を義務付けます（布教保護権）。

　こうして彼らの活動には最初から現世的利益と、宗教活動とが両輪のようにつながっていました。だからポルトガル船やスペイン船には必ず宣教師が乗り組んでいたのです。

インド航路の発見

喜望峰を発見したポルトガルは、ただちに後を追ってインドへ出かけることはありませんでした。一つには喜望峰の東側がどうなっているのか皆目見当がつかなかったからです。その間、陸路を通してインドの様子を探ります。

その結果、アフリカ東南のマダガスカル島からインドまでは海で繋がっていることが分かりました。またトルデシリャス条約によって東半球が自国の領分であることが確定したのち、初めて王室はバスコ・ダ・ガマを司令官とした四隻の船をインドに送り込みます（一四九八）。ガマの航海はコロンブスのそれよりも六年後ですが、それを遥かにしのぐ三ヶ月以上の大航海となりました。

しかしインドのカリカットでポルトガル人の来航を目にしたイスラム商人たちは、開口一番「お前たちなど、悪魔に食われっちまえ」と、ののしったそうです。それはそうでしょう。それまで営々と築いてきた自分たちの市場に、いきなり海側から割り込んできたわけですから。

「一体、何のためにここにやって来たのだ」と問われ、ガマは「キリスト教徒の王を探すのと、コショウを手に入れるため」と答えます。彼の頭の中にはなおプレスタ・ジョンの伝説が生きていたのです。

ガマは歓迎されませんでした。それどころか馬鹿にされ、一歩間違えれば殺されるところだったのです。ですから逃げ帰ったという方が正しいかもしれません。それでも彼がリスボンに持ち帰った香料（コショウ・肉桂・丁子・肉荳蔻）や宝石などは、二年間の航海の費用をおぎなって余りあるものだったそうです（『大航海時代』）。

ガマの経験を踏まえて二回目のインドへの航海には強力な武装船が加わります。今回はカブラルを指揮官にした十三隻という大船団になりました。ところが大西洋に乗り出したカブラルは、途中で貿易風で大きく西に流されて（意図的に向かったとする説もあります）未知の陸地にぶつかります。

そこはトルデシリャス条約に照らし合わせると、ポルトガルの領分に入っていたので、彼はその土地が自国に属する宣言をします。こうして南アメリカの中で大西洋側に大きく突き出た国―今日のブラジル―だけがポルトガル語を話す国になります。他の国々はすべてスペイン語圏です（四九頁の地図）。

インドに着いた時には船団は六隻になっていました。当時の大航海の過酷さがわかります。再びカリカットを訪れたポルトガル人は、またもやイスラム商人たちから反感を買い、商館は焼き討ちにされ犠牲者も出ました。そこでカブラルは報復として十隻のアラブ人の船を焼き払い、町に砲撃を加えます。両者の反目がはじまり、カブラルはカリカットと敵対するコチンの領主に近づき友好関係を結び、大量の香料を手に入れてリスボンに戻りました（一五〇一）。

カブラルの帰国はヨーロッパの香料市場に一大革命をもたらしました。それまでイスラム商人と手を結び、高価なコショウを扱っていたベネチアなど地中海に面した港町から、ヨーロッパの果てといって良いリスボンやアントワープへと、安いコショウを求めて市場が移ってしまったのです。アントワープはオランダの南部に当たり、ポルトガルがコショウを北ヨーロッパに運ぶときの中継基地でした。ここにのちオランダが歴史に登場する前触れのようなものを見ることができます。

中国への道

その後ポルトガルは海軍を派遣して、トルコ人とアラブ人からなるイスラム連合艦隊を打ち破りインド洋の制海権を手にします。そしてインドのゴアを占領しインド副王を置き、アジアの一大拠点にします（一五一〇）。以後ゴアは数百年間、東洋における彼らの活動の中心地になります。宣教師ザビエルもゴアを拠点にして東洋での布教を開始します。

ポルトガルの勢いは止まりません。わずか一年後にマラッカ海峡の要衝マラッカを落とします（一五一一）。

そこは東アジアへの入り口であり東洋と西洋の交差点、まさしく国際都市でした。東に香料諸島、西にインド洋、南にジャワ島、北に中国や琉球を望み、マレー人、シャム人、アラブ人、ペルシャ人、ベンガル人、トルコ人、中国人、薩摩人、琉球人など様々な人種が集まり、金銀、財宝、絹織物、綿織物、香料、陶磁器、真珠など―それまでサラセン商人によってヨーロッパに運ばれていたものがすべて交易されていました。

これらの産物を直接、生産地からヨーロッパへ運ぶことができたのですから当時ポルトガル王室が最も富み栄えたのはいうまでもないでしょう。

マラッカまでくれば次のターゲットは中国です。しかし中国はそれまでの国々とは違っていました。この国は中華思想ですから貢ぎ物を持ってくる国しか相手にしません。それは朝貢貿易と呼ばれています。ポルトガルはそれをしなかったので公認の貿易を行うことができません。その結果、密輸しか方法がなかったのです。

ここで登場するのが中国側の密輸人たちで、「後期倭寇」と呼ばれています。彼らは中国沿岸に住み無国籍に近く、中国人もいれば日本人も混じっていました。政府から見れば海賊に当たります。その一人に王直という頭目がいて、五島や平戸にも拠点を持っていました。そんな彼の船がある時、種子島に漂着し「鉄砲伝来」(一五四三年頃)につながったのも、起こるべくして起きた事件といえるでしょう。ですからその新兵器を用いて戦国時代にとどめを刺した織田信長もまた大航海時代の落し子といえます。

ところで中国政府も密輸を放任していたわけではありません。倭寇の人々は余りに厳しい取締りから逃れるようにして北上し、一時は九州に最も近い寧波に移った時期もあります。しかしここもやがて政府ににらまれて再び南の広州へ戻ります。こうして密輸の取り締まりは、なかなかとどめを刺すことができませんでした。

ところがここにきて政府がポルトガル人に対してマカオ居住を許可したのです(一五五

七)。政策を転換した背景には、国内の鉱山(銀と銅)が枯渇して貨幣の鋳造ができず、輸入に頼るしかないという深刻な事情がありました(『1493』)。

ポルトガルがマカオを植民地にできたことは、対日貿易においても重要な意味を持っています。百年近く続いたポルトガルとの貿易は、主にこのマカオと長崎間で行われたからです。のちスペイン国王フィリップ二世がポルトガル国王を兼ねるようになると、マカオは本国から独立したようなかたちで対日貿易を続け鎖国になるまで、ゴアに劣らず大きな繁栄にあずかります。

日本への道

大航海時代のヨーロッパでは、ルターに始まる宗教改革が各地に広がりを見せ、ローマ法王はそれまでにない危機感をおぼえます。そんな時カトリック圏フランスのパリで、イエズス会が発足します(一五四〇)。宗教改革派をキリスト教徒の左翼とすれば、イエズス会は極右の団体であったといえるでしょう。

ポルトガル国王はこのイエズス会に深く心酔し、海外領土の布教においては、イエズス会がきわめて有利に立つことができました。こうして宣教師が世界中に送り出され、ザビエルはインドのゴアに派遣されたのです。彼はインドはもちろん、マラッカ、香料諸島で布教を試みますが、言語の問題や、現地の役人たちの妨害にあったりして、とても前途に光明を見出すという状況にはなかったようです。

そんな時、マラッカでアンジロウというひとりの日本人に出会います。ザビエルは彼の聡明さに魅かれ、彼をインドに連れて行き聖パウロ修道院で教義を学ばせます。アンジロウは六ヶ月でポルトガル語の読み書きがでるようになったそうです。ここにザビエルは日本布教を思い立ちます。彼の最初の上陸地はアンジロウの故郷、鹿児島でした(一五四九)。

イエズス会の布教方針は、領主に近づき布教許可を得、出来れば信者になってもらい、領民たちを丸ごと信仰にむかわせるというものでした。ですからザビエルはのち京都に上って天皇との謁見を試みますが、時あたかも戦乱の世の中で町は兵火に焼かれ荒れ放題、天皇家にしてみてもみすぼらしいなりをした異国人など眼中になかったのです。

ザビエルは日本の土を踏んで、日本が中国から大きな影響を受けているのを察し、布教の方針を変えます。中国布教に成功すれば、日本もおのずからカトリックに染まるであろうと思い、いったんインドに戻ったのち中国布教に出かけます。その望み半ばにして、彼は広東沖の小さな島で亡くなります。

でも彼が日本に残した宣教師たちによって、西日本にキリスト教がひろがりを見せます。彼らは秀吉がはじめた朝鮮出兵により日本と中国の関係が冷え込み、貿易が断絶し、したがって国内では密輸による生糸や絹織物が非常な高価で売買されていることに気がつきます。もしそれらの品々をポルトガル船が運んでくればどうなるでしょうか。答えは火を見るより明らかです。

宣教師たちは、ポルトガル船をどの港に誘導するかについての決定権を握っていましたから、最初から対日貿易に参画し、利益の分け前に預ることができました。それをさらに貿易に投資して、布教活動の資金としたのです。日本でも最初から布教と貿易が一体になっていたのが良くわかります。

二番手はスペイン

コロンブスは生涯に四回も新大陸との間を往復しながら、最後までそこがアジアであると信じていました。ですからその土地を「インディアス（インド）」と呼んでいます。迷惑をこうむったのは「インド」です。インドが西と東に別れてしまうのです。カリブ海に浮かぶ島々は今でも「西インド諸島」ですし、のちオランダやイギリスが東洋の拠点にしたのは「東インド会社」です。「西部劇」に出てくるアメリカの先住民たちを「アメリカインディアン」と呼ぶのは良く知られています。

新旧両大陸間に人の往来がはじまると、それに伴い生態系に明かな変化があらわれます。それは「コロンブス交換」と呼ばれています（『1493』）。

新大陸からはジャガイモ・サツマイモ・トウモロコシ・トマト・パイナップル・カカオなどが運び出され、逆にヨーロッパからはコムギ・コメ・サトウキビなどの栽培植物が新大陸に移植されます。

それまでコムギだけに頼っていたヨーロッパの食生活は、新しい食材により大きな変化を見せます。サトウキビは、ヨーロッパから新大陸のカリブ海の島々やブラジル等で大規模に栽培され、そのための労働力として、アフリカから数多くの奴隷が連行されます。また新大陸で見つかったタバコの葉による喫煙は、またたく間に世界中にひろがりを見せました。

動物については、新大陸からシチメンチョウやモルモットがヨーロッパにもたらされ、牛、馬、豚、羊などが新たに新大陸の方に持ち込まれます。信じられないことにアメリカには馬がいませんでした。先住民たちは馬に乗ったスペイン人を目にすると、人馬が一体化した奇怪な生き物だと思い込んで、逃げ惑ったという話が残されています。ついでにアメリカインディアンが乗り回した馬は、スペイン人がもたらした馬が逃げ出して野生化したものだそうです（『動物に観る人の歴史』）。

この「コロンブス交換」で最も被害をこうむったのは新大陸の先住民たちです。スペインの征服者たちは、馬にまたがり銃を持ち、少数でもたやすく先住民を征服することができました。もちろん先住民たちは幾度も反抗を見せたのですが結局、奴隷にされたり、疫病にかかったりして、ほとんど死滅に近い状態になったといわれています。

新大陸発見にスペイン人はすっかりアジアへの関心を忘れ、新大陸に黄金郷を探し求めるような状態でした。そんな時、ポルトガルが東回りで香料諸島に到達したニュースはスペイン王室を刺激し、自分たちも西回りで香料諸島を目指そうではないかという話になります。

そうなるとアメリカ大陸は、彼らの行く手を意地悪く阻むかのように南北に長々と横たわっています。ある時その南北アメリカをつなぐ細いパナマ地峡にバルボアというスペイン人が上陸し、北側から山越えをしたところ、海を発見します（一五一九）。それは地峡の南側に横たわっていたので「南の海」と名付けられましたが、のちマゼランにより「太平洋」と改められます。しかしパナマ地峡は、それが海峡ではなかったので王室からはさほど重要視されませんでした。

マゼラン海峡の発見

こうして新大陸のどこかにあるに違いない海峡探しがはじまります。

そこにマゼランが登場します。じつはマゼランはポルトガル人なのです。のみならずインド洋で七年間も過ごしたことがあり、アジアの情報には非常に明るい人でした。ポルトガルでよほど冷遇されたのでしょうか、故国を裏切るようにして彼はスペイン王室が準備した船で出帆します。

マゼランは南アメリカ南端にある海峡を、一ヶ月かけて通り抜け、波の静かな海（太平洋）に出ることができました（一五二〇）。しかし太平洋を大きな湖くらいに予想していた一行は、行けども行けども一向に香料諸島にはたどり着きません。

水や食料にもこと欠き、死ぬか生きるかの過酷な航海を強いられた末にたどり着いたのは今のマーシャル諸島でした。そのまま進めば日本に来たかもしれません。でも彼はここで舵を西に切ったのでフィリッピン諸島に向かい、そのひとつの島で原住民との争いの中で命を失います。マゼランはかつてポルトガル船でフィリピンまで来たことがあったので、歴史上、彼が最初の世界周航を果たした人物とされています。

マゼランを失った乗組員たちはさらなる航海を続けます。そして香料諸島のひとつティドール島の首長と友好関係を結ぶことができました。その島の人々はポルトガル人と敵対していたのです。一部の乗組員を島に残したのち、さらに南下します。そしてバンダ諸島を過ぎたところで東からの貿易風をとらえ、インド洋を横断し喜望峰をまわって大西洋に出ました（のちオランダ人はこの航路を利用します）。

いうまでもなくそこはポルトガルの領分です。もし見つかったら拿捕されるのは覚悟の上でした。途中、水と食料の関係からどうしてもポルトガル領ヴェルデ岬諸島の一つに上陸しなければならなくなり、「自分たちは西から流れついたスペイン人だ」と嘘をつきます。それがばれそうになると、一部の荷物を島に残したまま故国へと遁走します（『大航海時代の風雲児たち』）。

こうして最初の世界周航が成し遂げられたのです（一五二二）。出港の際には五隻の船団に二百八十名が乗り組んでいたのが、無事にたどり着けたのはビクトリア号の十八名だけになっていました。

この航海はポルトガルとの間に新たな火種をうみます。両者が香料諸島を自国のものであると主張しはじめたからです。地図もない地球の裏側のことですから、トルデシリャス条約の境界線が東半球のどこを走っているのかさっぱり見当がつかなかったのです。

スペイン王室はせっかく香料諸島にたどり着きながら、新スペイン（メキシコ）に戻る都合の良い風と海流を見い出せずに悩み続けます。しびれを切らした王室はついに香料諸島をあきらめて、ポルトガルに三万ドゥカードという現金で売り渡し、その代わりにフィリピンを自国の領土にするという「サラゴサ条約」を結びます（一五二九）。

スペインにとって一見、損をしたようなこの条約はその後の世界に大きな影響を与えることになります。

マニラと長崎の同時開港

マゼランがフィリピンに到着してからおよそ四十年後、スペインにウルダネタという優れた航海士が現れます。彼は熱心な修道士でもあったのですが、レガスピという司令官の艦隊に同行し、メキシコのアカプルコからフィリピンにやって来ます。レガスピがフィリピン諸島をくまなく制圧する一方で、ウルダネタは帰りの航路の発見に力をそそぎます。

彼はフィリピンから思い切って北上して黒潮の流れに乗ります。それはちょうど台風が北上するコースによく似ていました。日本列島に添って太平洋をさらに進み、青森県の北緯四十度を超えたあたりで念願の北西の風を受けることができました。それに乗って東に進めばカルフォルニアに到達できます。あとは沿岸を南下すればアカプルコです。こうして太平洋航路か発見されたのです（一五六五）。ついでに話すと、徳川秀忠の時代に仙台藩が支倉常長を使節として送り出した時にも同じ航路をたどってメキシコに行っています。

一方、フィリピンに残った司令官レガスピはルソン島にマニラ市を建設し、港を開きます（一五七一）。奇しくも同年、日本では長崎が開港します。それは記念すべき年といわなければなりません。なぜならスペイン船とポルトガル船により物流が地球を駆けめぐるようになったからです。

その一つの例を銀の流通に見ることにしましょう。

種子島の鉄砲伝来から数年後、海の彼方の南米でポトシ銀山（ボリビア南西）が見つかります（一五四五）。銀の鉱石は普通、数パーセントの銀しか含んでいないのですが、標高四千メートルにあるポトシ銀山のそれは二十パーセント以上もの銀を含んでいました（『1943』）。スペイン王室が舞い上がったのはいうまでもありません。

ポトシの銀は今のチリの港（アリカ）から積み出され、バルボアが見つけたパナマ地峡に運ばれ、リャマ（ラクダ科の動物）を使って地峡を越え、メキシコ湾を船で北上し、ハバナ（キューバ）の港から護送された大船団により、太西洋を横断してヨーロッパに運ばれます。

ポトシ銀の一部はアカプルコから太平洋を横断してフィリピンのマニラを目指します。そこには中国船が、生糸、絹織物、高価な陶器などを積んで銀や銅の買い付けに来ていました。ですから太平洋をメキシコに戻る船団は「絹の船」と呼ばれました。

一方、日本からもポルトガル船によって大量の銀が持ち出されます。日本の銀は主に世界遺産に認定された「石見銀山」のものです。銀は長崎からマカオ～マラッカ～ゴアを経

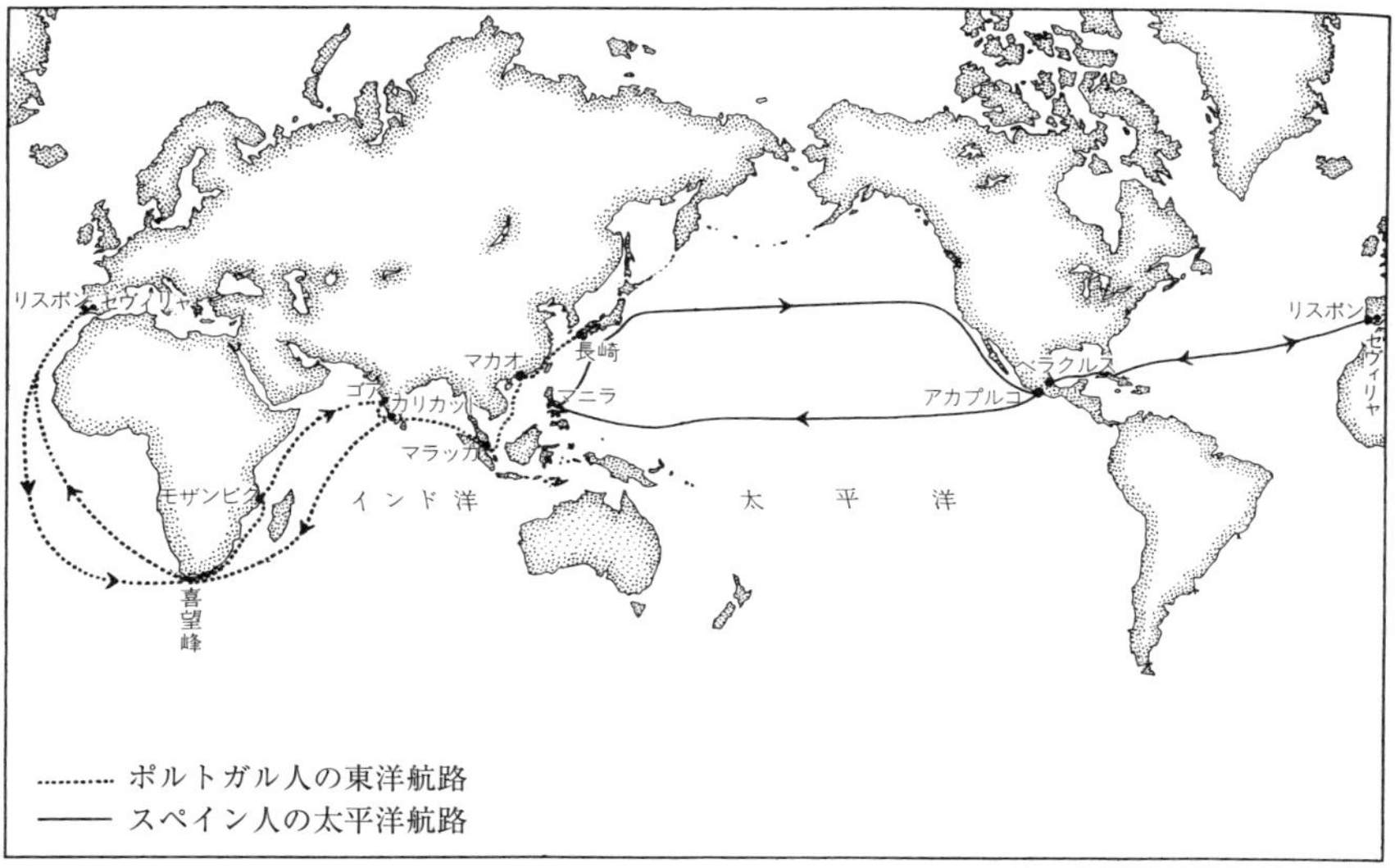

十六世紀ポルトガルとスペインの海外航路図（『探訪大航海時代の日本』）

て、ヨーロッパに運ばれました。

その船は「銀の船」と呼ばれ、船の司令官は「カピタン・モール」と称され王室から任命された人々です。私たちはその姿を南蛮屏風に見ることができます。黒服を金色のモールで縁取り、口髭を生やしていかにも偉そうに闊歩しています。彼らは中国にコショウを運び、生糸や絹織物を買い付けては長崎に運び、帰りには銀をしこたま手に入れることができたのです。あるカピタン・モールは「もう、うんざりするほど儲けた」という手紙に書き残しています（『南蛮船貿易史』）。

こうしてスペイン船とポルトガル船によって銀は世界をかけめぐり、銀貨「ペソ」が世界の基軸通貨となります。

しかしそれらの銀も、半分以上がスペイン王室に貸し付けていた中部ヨーロッパのフガー家やハプスブルグ家などの銀行家に支払われたり、傭兵を用いた相次ぐ戦費に消えて行き、資本として蓄えられることはありませんでした（フェリペ二世は生涯に四回の破産宣告を行っています）。

やがて時間と共に増えていった銀の量は、銀そのものの価値を下げて行きます。いわゆるインフレーションです。そうなると最も富んでいた国が、最もいちじるしく没落していくのは必然でした。

第三章

ガリバーを生んだ大航海時代（二）

「日の沈まない帝国」に抵抗して

現在のオランダ、ベルギーに当たるネーデルランド地方はかつてハプスブルク家によって支配されていました（ハプスブルグ帝国）。この地方は北欧の国々との交通の要所として中世から栄えており、とくに南部アントワープのような港湾都市は大きな賑わいを見せていました。アントワープはイギリス人作家ウィーダが書いた『フランダースの犬』の舞台としても知られています。

イギリスから羊毛を仕入れ、それを毛織物に加工して販売するのが古くから行なわれていたのですが、ポルトガルによる東洋貿易がはじまると、リスボンまで船を出してアジアの商品を購入し、それを北欧諸国に売るという中継貿易が盛んになります。

ネーデルランド地方の経済を支えていた、もうひとつの意外なものがあります。日本で正月に食べる「数の子」の親、つまりニシンのことです。オランダ人は今でもニシンが大好きで、その塩漬けを尻尾からつまんで口にする光景を良く目にします。

彼らはニシンを船上で塩漬け（保存食）にしてヨーロッパ中に出荷したのです。こうしてニシン漁は経済的に大きな支柱となります。そうなると北海にでかけるニシン船団を護衛するための軍艦も必要となり、こうしてオランダに優れた造船技術が生まれます（『日本とオランダ』）。

じつは「オランダ」という国はありません。「ホーランド州」がなまって「オランダ」になっています。なかでもこの州はニシン漁が盛んでニシンによって生計を立てていたとされています。

ところでこのネーデルランド地方をハプスブルク家の遺産相続により、棚ぼた式に自分のものにできたラッキーな国王がいました。スペイン国王フェリペ二世です。国王はさっそくネーデルランド地方の住民に重税を課します。のみならず宗教にも口を出してきました。つまりローマカトリックを強制しようとしたのです。これに対してプロテスタント（新教徒）の人々が猛反発します。

当時のスペイン軍はヨーロッパ最大にして最強の軍隊で、ネーデルランド南部から北上しつつ諸都市を焼き払いながら虐殺を行います。ハーレムという都市も一ヶ月という長きに渡って抵抗したのですが、食料を断たれ降伏しました（一五七三）。

同年、マルクマールという都市では国土を自ら河の堤防を壊して水浸しにすることで最後まで持ちこたえ、スペイン軍を撃退するのに成功します。これをきっかけに解放軍は勢いを盛り返します。今でもオランダには「勝利はマルクマールにはじまる」という言葉があるそうです。

ライデンもスペイン軍に包囲され完全に外部との連絡を絶たれたため、マルクマールの例にならって水没作戦をとります。すると河の水位が上がって、海上にいた味方の船団と連絡がとれ持久戦に勝利しました。その勝利を記念して創立されたのが、現在のライデン大学なのです（一五七四）。

スペインへの抵抗運動はオランダという国がはじめたのではありません。地方が団結してスペインと戦ったのです。ネーデルランド南部ではローマカトリックの信者が多く、はやばやとフェリペ二世の支配に下ります。このとき多くの難民が北部に逃れ、商業資本やそのノウハウがアントワープからアムステルダムに移り、それがのち北部七州の急成長に拍車をかける結果となります。

七州はオラニエ公ウィレム（オランダは国王のいない共和国）を指導者として、一致団結してスペインと戦い抜く姿勢を貫き軍事同盟を結びます。これが「ユトレヒト同盟」（一五七九）で、その中心となったのがホーランド州です。私たちにも馴染みのある三色の「オランダ国旗」は、七州がスペインに対して戦いを挑んだときに採用されたものです。

ガリバーは十七世紀半ば、つまりオランダの「黄金時代」にこのライデンにやって来て医学を修めます。なかなかのエリートであったことがわかります。

オランダとイギリスの台頭

スペインがユトレヒト同盟国と戦っていた頃、ポルトガル王室に翳りがさしはじめます。東洋での香料貿易を独占するのが難しくなったのです。言い換えると、いったん衰えたイスラム商人の勢力が盛り返し、香料貿易の半分を取り返したのです。大きな打撃を受けたポルトガルは、国家の命運をかけてイスラム圏のモロッコ遠征（一五七八）を図りますが、戦には負け、国王も行方不明となります（『西欧文明と東アジア』）。

日本からリスボンに銀を運んだ「カピタンモール制」も、その利権が勝手に売買されるようになると、もはや王室には利益が入らなくなりました。

この情勢をうかがっていたスペイン国王フェリペ二世は、血縁関係を盾に自らがポルトガル国王を兼ねます（一五八〇）。ただし、行政は従来通りにまかせたのです。

そうなるとトルデシリャス条約は意味を持たなくなって、地球は丸ごとスペインのものになります。たとえ本国が夜であろうと地球の裏側のスペイン領土は真昼です。スペインが「日の沈まない帝国」と称えられた由縁はここにあります。

フェリペ二世は、敵対するオランダを窮地に追い込もうとリスボンの港を閉鎖します。そうなるとオランダは自力で東洋に香料を仕入れに行くしかありません。これがオランダが東洋に進出するきっかけになります。同じことがローマ法王に反抗して、イギリス国教会をつくりプロテスタントになったイギリスについてもいえます。この両国はフェリペ二世から追いつめられた末に、「窮鼠猫を咬む」というかたちで大航海時代に登場するのです。

イギリスのエリザベス女王の下では海賊行為が許されていました。そんな中で頭角を現した船長ドレイクは、パナマ地峡を越えて輸送されるスペインの銀に狙いを定め、三度目の攻撃でついに成功します。その後カリブ海にはイギリスの海賊が続々と登場しますが、ドレイク自身はさらに大きな冒険に挑みます。

彼はマゼラン海峡を越えて太平洋に出、北上しながら南米スペイン領で略奪を繰り返し、北米カルフォルニアから太平洋を横断、香料諸島では香料を手に入れて、喜望峰を廻ってイギリスに戻ります（一五八〇）。この世界周航により獲得した巨額な資金でイギリス

オランダの東洋派遣の五隻　右手前がリーフデ号（『日本とオランダ』）

は外債を返済し、一部はイギリス東インド会社の設立（一六〇〇）に役立てました。

一五八八年、海賊行為を繰り返すイギリスとそれを支援するオランダを攻撃するために、フェリペ二世は無敵《アル》艦隊《マダ》と呼ばれるスペイン海軍を総動員し、逆に大敗を喫します。以後制海権は少しづつ英蘭両国に移ります。

一五九五年オランダは、自力で香料を手に入れようと四隻の艦隊を喜望峰経由で香料諸島に向かわせます。すでに書いた通り、彼らは喜望峰を迂回すると貿易風を利用してインド洋を横断して直接ジャワ島に到達します。インド大陸に寄らない分、東アジアが近くなります。このあと東洋へ進出するオランダの海運会社が雨後の竹の子のようにつくられますが、のちそれを束ねて「連合東インド会社（最初の株式会社）」がつくられます。

一五九八年にオランダのロッテルダムを発した五隻の

艦隊がありました。そのうち四隻がマゼラン海峡を抜け出たのですが、大荒れの太平洋に遭遇してばらばらになり、いずれも帰国はかないませんでした。

ただリーフデ号だけが行先を日本に変更して太平洋を航行した末に、豊後（大分）の臼杵湾あたりに着岸します。生存員は二十四名、歩行できる者は六人という惨憺たる状態でしたが、その一人がのち英蘭両国を日本に向かわせる上で大きな役割を果たすウィリアム・アダムス（三浦按針）でした。彼はイギリス人ですが、按針つまり水先案内人として雇われていたのです。

長い間スペインと戦っているオランダに対して、フランスとイギリスは常にオランダを助けることで自国になびかせたいと願っていました。オランダの政治家はこの両国の感情をうまく利用して英仏蘭三国同盟（一五九六）を結び、ついには念願のスペインとの十二ヶ年休戦協定を結ぶのに成功します（一六〇九）。それは事実上、オランダがスペインからの独立を勝ち取ったに等しいものでした。この三国同盟を調停したイギリスの政治家が、のちアイルランドからイギリスに出てきた若いスウィフトを食客として引き受けるテンプル卿になります。

イエズス会領の長崎

ポルトガル船は最初から長崎に来たわけではありません。平戸、横瀬、福田、口之津など肥前の海岸を南下しながら最後に長崎を選びます。港を選ぶ権利はポルトガル商人ではなく宣教師が握っていました。平戸（松浦）も大村も有馬（島原）も小領主に過ぎず藁にもすがる思いでキリシタンとなり、南蛮貿易の利益で戦費をつくる他ありません。

宣教師たちは天然の良港、長崎に早くから目を付けていたに違いないのですが、そこが大村純忠の配下長崎甚左衛門の領地であり、またその港口は彼と敵対する深堀水軍が押えていたので、開港するのに六年の歳月がかかっています。結局、大村と島原の両氏は、長崎氏から岬の突端にあった土地を取り上げるようなかたちで教会と六つの町（平戸町・大村町・島原町・横瀬町・外浦町・文知町）をつくり、それがのち「長崎」の核になります。町の全員がキリシタンで貿易に関わる人々でした。

このとき長崎の貿易税と領地権は大村氏にあったのですが、当時内患外憂を抱えていた大村氏はなかなか長崎のことまでは手が回りません。その結果大村氏の支配体制は薄れ、宣教師と町人たちは自治体制を築きます。すなわち岬の周囲に堀と石垣を築き、西洋都市

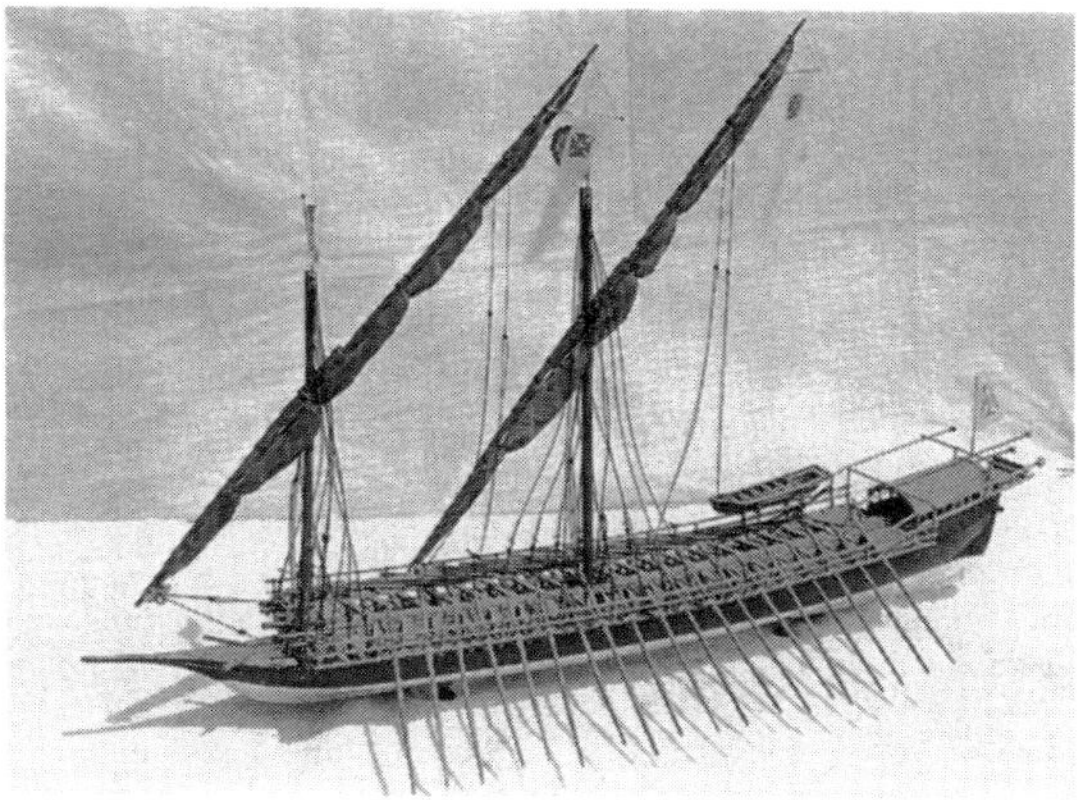

フスタ船　船底が浅く、帆と櫓の両方が使え、前方に大砲を積んでいる（『日本とオランダ』）

と同じ防塁で固めます。さらに「フスタ船」と呼ばれる西洋式の小型の軍艦まで準備しました。

開港後、深堀氏はしばしば長崎氏の居城を攻めますが、その途中にあった自治都市長崎は被害を受けることはなく、逆に深堀勢を追い散らしています。

当時、豊後のキリシタン大名、大友氏はイエズス会の武力援助を頼みとして薩摩に攻めこみますが、耳川の合戦で大敗を喫します（一五七八）。その結果、九州の勢力図は薩摩の島津氏と佐賀の龍造寺氏によって二分されます。

「九州の熊」として恐れられた龍造寺氏は貿易港長崎を手に入れようとして、大村氏をはじめ肥前の諸領主に次々と降伏を迫ります。その際大村純忠は思いがけない手を打ちました。長崎をイエズス会に寄進したのです。彼にできる唯一の抵抗でした。こうして「イエズス会領長崎」が誕生します（一五八〇）。

そうなればいよいよ自力で長崎を守るほかありません。以後、長崎は武器、弾薬、大砲で強力な武装化を図ります。町民にも武器を与え、あらゆる事態に備えさせます。スペイン国王がポルトガル国王を兼ねることを知ったイエズス会首長にあったコエリヨは、マニラと連絡を図りスペイン艦隊による軍事援助まで乞いましたが、実現には至りませんでした（『教会領長崎』）。

一方、キリシタン大名有馬晴信はイエズス会の武力を後ろ盾として、大胆にも薩摩と手を結び龍造寺と敵対します。有馬領にはイエズス会の教育機関「セミナリオ」があり、イエズス会はこの戦争を「アルマゲドン（最後の決戦）」と認識し、有馬氏に武器を提供します。長崎からは大砲二門と共に砲兵たちが戦場に派遣され、敵の行軍を狙って発砲しています（『九州のキリシタン大名』）。なんと砲兵は外国人でした。フロイスの『日本史』には「有馬の家老の船には砲手がいなかったので、カフル人（南アフリカの黒人）が弾丸をこめ、マラバル（インドのマラバール海岸）人が点火した」とあります。

有馬と薩摩の連合軍は八千人、対する龍造寺の軍は二万五千人ですから誰が見ても利は龍造寺側にありました。ところが島津の伏兵が敵将正隆の首を討ち取り、龍造寺軍は総崩れとなります（一五八四）。勝利を喜んだ有馬氏は、長崎に隣接する浦上と茂木をイエズス会に寄進しました。

こうして島津氏の九州統一は大友氏を残すのみとなります。しかしその大友宗麟が京都の豊臣秀吉に救援を訴え、その結果、諸大名を引き連れた秀吉の大軍が九州に入り、島津氏はその前に降伏します（一五八七）。

バテレン（宣教師）追放令

秀吉は博多で九州の大名たちの知行替えを行い、肥後を除いた多くは本領を安堵されます。問題は領主のいない長崎をどうするかです。そこでイエズス会の司祭コエリヨを呼び出します。コエリヨの頭の中は長崎の自主防衛路線でいっぱいだったので、軍服で身を固め刀を差し、合羽をまとった姿でフスタ船に乗り秀吉の前に現れます。

それを知ったキリシタン大名たちはフスタ船を秀吉に献上するように進言したのですが、コエリヨはそれを無視して「必要ならば自分たちも加勢しましょう」と、まるで長崎が独立国であるかのような振る舞いをしたので、秀吉の逆鱗に触れ「バテレン追放令」を突き付けられるのです。そしてこれが日本における最初のキリシタン弾圧になります（一五八七）。

(1)神社や寺院を破壊することを禁じる。（破壊が激しかったことの裏付け）
(2)宣教師の日本退去を命じる。（ポルトガル商人は例外）
(3)長崎、浦上、茂木を没収する。（日本領に戻す）
(4)長崎に住むキリスト教徒に制裁金を課す。（彼らが豊かだったことの証し）

ここに八年間続いたイエズス会領長崎は潰えて、新たに「天領長崎」が生まれます（一五八八）。でも長崎からキリシタンが消えたわけではありません。キリシタン大名の大村純忠と大友宗麟はこの弾圧の直前に亡くなり、ひとり有馬晴信は行き場を失った宣教師や信徒たちを自分の領内に保護しました。

次に秀吉は長崎代官として鍋島直茂を指名し、堀を埋めさせたのち、大砲や火薬を取り上げます。これに不満を抱いたコエリヨはなおも武力による抵抗を図り、キリシタン関係者（有馬晴信や小西行長）を説得するのですが断られてしまいます。追いつめられたコエリヨがフィリピンのスペイン総督に援軍を乞うたのはこの時でした（『鎖国への道すじ』）。

このコエリヨのスペイン寄りの姿勢は、イエズス会がそれまで進めて来た路線すなわちマカオ〜長崎間の貿易を軽視していたので、イエズス会から罷免され、有馬領内に逃れ、加津佐で亡くなります（一五九〇）。コエリヨの振る舞いは、明らかにフェリペ二世の影響が日本にまで届いていた証明になります。ただ本国とはあまりにかけ離れていたので直接的な影響はありませんでした。

秀吉のバテレン追放令は宣教師には用はないが、ポルトガル商人は歓迎するという虫の良いもので、布教と貿易が結びついた現実を無視したものでした。ですから宣教師たちは秀吉の怒りがおさまるまで潜伏します。

案の定、秀吉はイエズス会がローマに遣わした少年使節の帰国を許可したのみならず、彼らと面会して「バテレン追放令」を白紙に戻します。南蛮貿易を続けるために、宣教師たちの日本滞在も許すことになります。こうしてかえってキリシタンの数が増えて行くのです。

国内統一を終えた秀吉は朝鮮に入貢（使節が貢ぎ物を届けること）を促し断られ、「朝鮮出兵」を企てる一方で、フィリピンにも同様な要求をします。上から目線のこの要求に両国の外交はうまく進みません。フィリピンからは使節と称してスペイン系の修道士を次々と送り込みます。それはフランシスコ会やドミニコ会などのスペイン系の修道士たちです。彼らの目にはイエズス会士の布教活動は、日本の権力者におもねり、機嫌を伺うような信仰心の浅いものとしか映りません。そこから両者（スペイン系の宣教師×イエズス会士）の対立抗争は次第に激しくなります。それはそれまでキリスト教はひとつ、とばかり思い込んでいた日本人の信者たちにも深刻な動揺と分裂を与えました。フィリピン系の修道士はなり振りかまわず京都、江戸、仙台など東日本を中心に布教を拡げて行きます。

スペインが切り開いた太平洋航路が日本列島のすぐ近くを通っていたことはすでに述べました。その一隻が嵐で四国の土佐に難破し、日本人の取り調べを受けます（一五九六）。その際、乗組員の一人が世界地図を見せながらスペイン領土の大きさを誇示します。日本人が「どうしてこんなに広い地域を手に入れることができるのか」と質問すると、「我々は先ず宣教師を送り込みキリスト教徒を増やし、その後軍隊を送りこみ国を奪うのである」といったというのです。

どこまで事実だったのかわかりませんが、それを耳にした秀吉は激怒し、そのとばっちりを受けたのが長崎で起きた二十六聖人磔刑事件（一五九七）です。こうして日本とスペインの外交はギクシャクしたままで秀吉が他界し（一五九八）、両国の関係修復は、「関ケ原の戦い」後の徳川家康の手にゆだねられます。

交渉人ウィリアム・アダムス

家康は情報にさとい人でした。

目の前に「関ケ原の合戦」を控えていたにもかかわらず、豊後にオランダ船が漂着したことを知ると使者を送り、船長を大坂城に呼び出します。しかし船長のクワケルナックは体調をこわしていたので、代理として水先案内人《ピロート》ウィリアム・アダムスが出頭します。「ピロート」は外来語として長崎で使用され、現代の「パイロット」に当たります。

家康はアダムスから英蘭両国がポルトガル・スペインと敵対関係にあることを聞き出し、外交上バランスを保つ上で「しめた…」と思ったはずです。彼のもとにはすでにカトリック勢力から、「今度日本に着いたオランダ船は海賊であるから、直ちに国外追放するか刑に処すべし」という要求が届いていました。しかし家康は彼らの要求を排してアダムスを優遇します。

関ケ原の合戦後、アダムスは三浦半島の逸見《へみ》村（横須賀）に領地を与えられ家康の側近になります。江戸の日本橋にも屋敷が与えられ、しばしば家康から呼び出されては外交問題の相談相手になったり、代数や幾何学を教えたり、また八十トンの西洋帆船をつくったりして活躍します。

でも家康からいかに寵愛をうけようとも、彼の本心は帰国して妻子と再会することにありました。ですからオランダがマレー半島のパタニに進出し商館を建てたことを耳にすると、「もし自分を帰国させるならパタニに立ち寄って英蘭両国を説得し、日本との貿易を開始させますから…」と、家康に持ちかけたのですが無駄でした。

結局、彼の代わりに船長クワケルナックが平戸の松浦氏の船でパタニに出帆します（一六〇五）。松浦氏はポルトガル人が平戸を去り、長崎に居を定めて以来、海外貿易の機会を窺っていたのです。

こうして家康の朱印状がオランダ側に渡ります。しかしオランダは東洋でポルトガルと衝突を繰り返していたのと、本国との連絡に時間がかかったため、平戸に艦隊を送るのはそれから四年後の一六〇九年になります。

平戸に上陸したオランダ使節一行は駿府（静岡）の家康に謁見します。そしてどの港にも入ってよろしいという朱印状をもらい、江戸や浦賀に立ち寄ったのち平戸に戻ります。

『東インド会社遣使録』に描かれた平戸商館（『モンタヌス日本誌』）

家康が一行に浦賀を見せたのは、関東に商館を望んでいたからなのですが、オランダ人はすでに松浦家との関係もあって、平戸に商館を建てました。

その頃、一隻のスペイン船がメキシコへの帰路の途上、上総（千葉）沖で遭難します（一六一〇）。船には元フィリピンの臨時総督ビベロが乗っていました。彼はそのまま一年ほど日本に滞在し家康や秀忠とも謁見、ここに図らずも日本とスペイン間の外交関係が生まれます。

家康は西洋の水銀を用いた新

しい金の精練法が知りたくて技術者を日本に送るよう要請し、ビベロは見返りとして日本での布教の許可を得ることで二人は合意します。帰国の際ビベロが使用した船は、アダムスが二度目につくった百二十トンの西洋船でした（一六一〇）。

翌年メキシコからビスカイノという返礼の特使が浦賀に来航し、スペイン船が遭難しないよう日本の沿岸を測量させるように申し込みます。家康は許可したのですが、それを耳にしたアダムスが外国人に測量を許可するのは侵略行為を許すことに他ならないと意見を挟みます。以後、家康のビスカイノに対する処遇は急に冷たくなり、両国の通商関係が進展することはありませんでした。すなわちアダムスは家康外交の目を、スペインやポルトガルから英蘭に転じさせたことになります（『幸田成友著作集』）。

ところでアダムスはオランダ人を通して、母国イギリスが東南アジアまで進出して来たという情報に接します。彼は矢も楯もたまらなくなって『見知らぬイギリス人へ』という手紙を出します。

そこには、「もしイギリス船が日本に来る場合には、北緯三十五度の浦賀に入るように」と地図まで添えてありました。その手紙は様々な妨害に会いながらも無事にイギリス側に届けられます。しかし時すでに遅く、司令官セーリスを乗せたイギリス船は平戸を目指して出帆した後だったのです（一六一三）。この行き違いはその後も続きます。

平戸に着いたセーリスはさっそく駿府（静岡）のアダムスに連絡を取ります。ところが使いの者が駿府を通り過ぎて江戸まで到り、そこで不在を知り、今度はアダムスの領地三浦半島に立ち寄り、その後駿府に着いたので大幅に遅れてしまいます。

セーリスにしてみたらアダムスは何をぐずぐずしているのだと思い、アダムスにしてみたら、何故セーリスは浦賀に入港しなかったのかと、互いに不信感が募ります。他にも様々な行き違いや対立があった末に、最後にはこの二人は決裂します。アダムスはようやく家康から帰国の許可を貰いながら、セーリスの船で帰国することを拒みます。彼にしてみれば断腸の思いだったに違いありません。

その後のアダムスは平戸のイギリス商館と契約を交わし、江戸と平戸を往復したり海外に朱印船を出したりして働きます。

一六一二年、家康がキリスト教禁止令を出します。きっかけは家康の近くにいたキリシタン同志の贈収賄事件（岡本大八事件）でしたが、翌年から禁教令は全国にひろがり、一六一四年には長崎の主だった十の教会が石垣まですべて破壊されてしまいます。ザビエル来日から六十五年、ここにきて日本のキリスト教とキリシタンは消されて行く運命になりました。

家康は豊臣家を滅ぼした翌年、七十五歳で頓死します（一六一六）。それはアダムスにとって大きな痛手だったに違いありません。二代将軍秀忠は外国人である彼に対しては冷淡を通します。こうして一六二〇年、アダムスは出張先の平戸で亡くなります。

彼には見果てぬ夢がありました。それは第一章で触れた十六世紀に想定された東洋への近道「アニアン海峡」のことです。その入り口を太平洋側から発見し、大西洋に抜け出たのちイギリスに戻って家族と再会するというものでした。それはかなえられなかったのですが、遺言に従って彼の遺産がイギリスの遺族の下まで届けられたのは事実です（『三浦按針』）。

第四章

『ガリバー旅行記』第三篇

日本の海賊に襲われる

ガリバーが三度目の航海に出たのは一七〇六年八月五日のことで、翌年四月十一日にフォート・セント・ジョージに到着した、とあります。

いきなり「フォート・セント・ジョージ」と言われても現代の我々は戸惑ってしまいます。それは西洋のような印象を与えますが、じつはインドにあります。航海に八ヶ月もかかっていることからでもそれはわかります。

喜望峰を廻ってアフリカ東海岸を北上し、今のケニア辺りから季節風を利用してインドに渡り、さらにインド大陸の南端コモリン岬を廻った東海岸にフォート・セント・ジョージがありました。現在では「チェンナイ」と呼ばれる世界有数の大都市ですが、当時はイギリスの東インド会社の拠点でした。頭の「フォート」は「砦」のことでイギリス軍が常駐していたことがわかります。

そもそもイギリス東インド会社がつくられたのは一六〇〇年、エリザベス女王晩年のことでした。イギリスがインドに拠点を置いたのに対して、オランダはジャワ島のジャカルタに拠点を置きます（一六一一）。

フォート・セント・ジョージは一六四〇年になると「マドラス」と名前が改められます。ですから一七〇六年、ガリバーが上陸したとすれば「マドラス」と呼ばれていたと思われます。あるいはスウィフトが参考にした地図が古かったのかもしれません。

ともかくそこに三週間停泊して船員たちを休養させたのち、船は「トンキン」に向かったとあります。このトンキンもまた現在では馴染みのない名前です。漢字で書けば「東京」で、現在のベトナムの「ハノイ」に当たります。

江戸期の世界観では、朝鮮・琉球・台湾・東京・交趾《こうち》（ベトナム中部）の五ヶ国が外国とされていました。その定義は(1)「三教（仏教・儒教・道教）の国」、(2)「漢字を用いる」、(3)「箸を用いる」で、いわれてみればその通りです。

それ以外の国々は横文字で、食事は手づかみで食べるという野蛮な国々「外夷《がいい》」と見ていたのです。外夷は四十二ヶ国あり、オランダ船を介して通商が行われていました。そのうちキリシタン国（ポルトガル・スペイン・マカオ・ルソン）は来航が禁止されていました。つまり鎖国制度とは、キリスト教を排除するための政策であって、通商そのものは世界中の国々といとも健全に行われていたことがわかります。

外国と外夷をのぞいたその他の国々は、日本とは縁もゆかりもない「夷狄戎蛮《いてきじゅうばん》（野蛮な国々）」と称されました。自国を中心に据えると、このような胸のすくような仕分けが出来上がるのです。これが江戸期の世界秩序だったのです（『鎖国の地球儀』）。

さてトンキンは「外国（同胞）」ですから鎖国政策に入る以前には、長崎からトンキンを目指して盛んに朱印船が貿易に出かけたものでした。朱印船が向かった先をランキングで示すと、一位が交趾、二位がシャム（タイ）、そして三位にルソン（フィリピン）、四位にカンボジア、五位がトンキンとなります（『朱印船』）。日本人が交易を求めて東シナ海に果敢に乗り出した様子が良くわかります。

当時の日本人の航海術はポルトガル人から習得した「南蛮航海術」です。磁石と緯度を測る道具（当時「経度」はまだない）とカルタ（ポルトラーノ海図）を携えて、大航海に挑んだのです。これは鎖国になって以降の話（一六七五）ですが、朱印船時代の水先案内人の生き残り、嶋谷市左衛門は、幕命により南蛮航海術を用いて江戸から南、一千キロメートル離れた「無人島《むにんしま》（小笠原諸島）」の探検航海に成功しています（『小笠原諸島をめぐる世界史』）。

ところでガリバーを乗せた船はトンキンでしばらく停泊します。その間、船長はガリバーに、小型の船で近くの島々に行って交易するよう命じます。ところがその船が大しけに見舞われ五日間も流され、十日目にはとうとう二隻の海賊船に見つかって拿捕されてしま

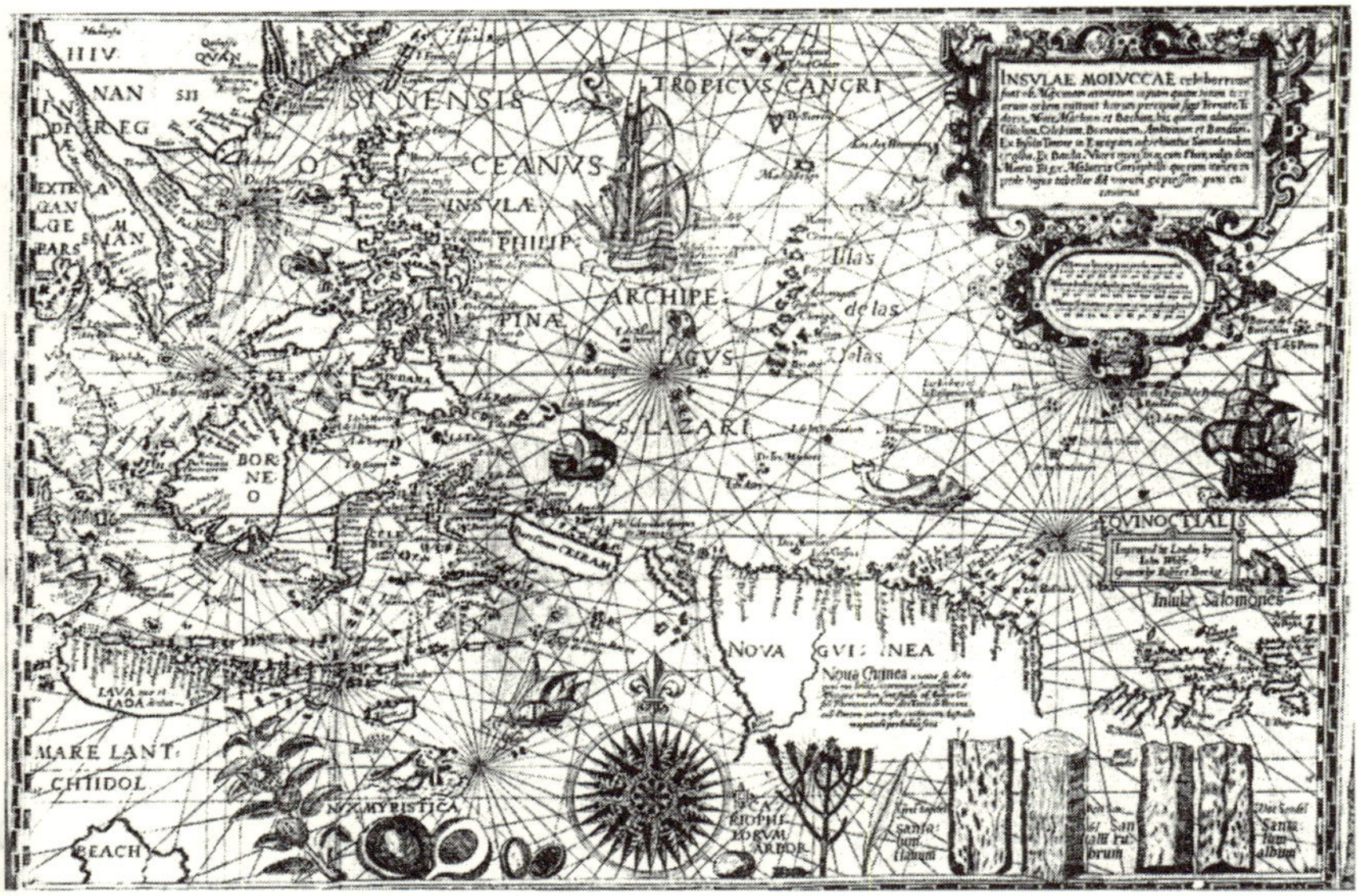

「東洋のカルタ」末次家所蔵　ポルトラーノが伝わっていた証し（『地図の文化史』）

うのです。
その大きい方の船の船長は日本人で、ガリバーは日本の海賊船に捕えられてしまうのです。

この設定が江戸初期だったら通用するのですが、一七〇七年といえば和暦の宝永四年に当たり、日本人は七十年ほど前から海外に出かけることは禁じられていました。つまり原作者スウィフトは日本の鎖国政策を知らなかったのです。しかしそれ以前、東南アジア近辺に日本船（朱印船）が出没することは知っていたことになります。

じつは鎖国になる以前、イギリス人にとっては忘れられない人物が、マレー半島近海で亡くなっています。それがジョン・デービス（一五五〇年頃～一六〇五）で、エリザベス一世の時代に活躍した探検家です。彼の名前は今でも「デービス海峡」にその名を留めています。

デービス海峡は北アメリカとグリーンランドの中間にありますが、どうしてデービスはこんなところを探検し海峡を発見したのでしょうか。すでに述べたように大航海時代の先鞭をつけたのはポルトガルとスペインでした。ポルトガルの東洋への航路は赤道を越えた喜望峰経由の東回りですから「南東航路」と呼ばれます。スペインはこれもまた赤道を越え、マゼラン海峡を経て東洋を目指します。その航路は「南西航路」と呼ばれます。もちろん方角の中心はヨーロッパにありました。

これに対してオランダやイギリスは自国から北回りで東洋に抜ける近道はないものかとやっきになって探します。すなわちロシアの北側の海を抜けて太平洋に到る航路を「北東航路」、カナダの北の海を抜けて太平洋に出る航路を「北西航路」と称して、多くの犠牲者を出しながらも何度も探検が試みられます。もしそれが見つかれば赤道を越えなくてすむわけで、ポルトガルやスペインよりも有利なうちにアジアに到達できるのです。

デービズはその北西航路の探検に出ましたが、結局、過酷な北極圏の環境に打ち勝つことはできませんでした。その後彼はオランダ東インド会社に水先案内人として雇われ、東南アジアの地図の制作に関わります。その時彼の頭にはあるアイデアが浮かびました。それは太平洋側から北西航路を発見するという試みです。

ここでウィリアム・アダムスのことを思い出して下さい。彼の夢もまた北西航路発見であり、同時代を生きたイギリスの航海士として同じことを考えていたことになります。

一六〇四年、デービスはアジアに向かいマレー半島付近で「日本人の海賊船」に襲われて落命します。それは江戸幕府が開かれた一年後に当たります。果たしてそれはいかなる船だったのでしょうか?可能性としては幕府公認の朱印船、西国大名の密輸船、後期倭寇の船などが浮かび上がります。

ちなみにこの北西航路が現実のものとなるのは二十世紀に入ってからで、それをやり遂げた人物は、十三馬力の蒸気帆船に乗ったノルウェイ人、ロアルト・アムンゼンでした(『謎の北西航路』)。

悪役《わる》を演じるオランダ人

さて、ガリバーが日本の海賊船に拿捕されたところに戻ります。

一七〇七年、ガリバーは海賊の中にひとりのオランダ人がいるのに気づきます。オランダ人の方もガリバーに気がつくとオランダ語で「お前たちなんか背中合わせに縛りつけて海の中に放り込んでやる」とののしります。

ポルトガル・スペインを追い落とす時代にあっては、力を合わせていた英蘭も、その後は対立し三度の戦争を経験します。

(1)第一次英蘭戦争（一六五二〜五四）＝イギリスが自国の経済優先のためにオランダ船の航行を制限した「航海条例」が原因で起きた戦争で、イギリスが勝利します。このときスウィフトはまだ生まれていません。

(2)第二次英蘭戦争（一六六五〜六七）＝イギリスがオランダの北米の植民地ニュー・アムステルダムを占領したのがきっかけで開戦、オランダ優勢のうちに進みます。その結果イギリスはアジアの東インド諸島を放棄する代わりに、ニュー・アムステルダムを手に入れます。それが現在のニューヨークで、この戦争が終った年にスウィフトが生まれています。

(3)第三次英蘭戦争（一六七二〜七四）＝イギリスがフランスと手を組んでオランダに侵略したのが原因です。オランダは苦境に立たされますが、若きリーダー、ウィレム三世（のち名誉革命でイギリス国王ウィリアム三世となる人物）の登場でなんとかその場を切り抜けます。スウィフトは二十五、六歳の頃、イギリス貴族のテンプル卿の世話になり、この国王と近づきになっています。これらの戦いを経て、インドだけでなくアメリカを含めた世界貿易の中でイギリスが優位に立ちます。

　ところで英語の辞書では“Dutch”が入った言葉には良い意味の言葉はありません。「割り勘《ダッチ・トリート》」、「模造金箔《ダッチ・メタル》」、「飛行機の蛇行《ダッチ・ロール》」、「酔った勢い《ダッチ・カリッジ》」、「口やかましい人《ダッチ・アンクル》」などがそうで、これらは英蘭戦争の間につくられたといわれています。

　そんなわけで、当時のオランダ人とイギリス人は激しく憎しみ合っていました。拿捕されたガリバーはオランダ人にむかって「お互いプロテスタントではないか。ここはひとつお手柔らかにたのむ…」と懇願します。結果はオランダ人を一層怒らせてしまいます。オランダ人は脅しの言葉を繰り返したあとで、日本人にむかってたけり狂ったようにわめきはじめます。その中に「キリシタン」という言葉が飛び出します（平井正穂訳では「クリスティアノス」）。これはスウィフトが日本でキリスト教徒が嫌われ、迫害されていたことを知っていた証拠になります。

　そこに日本人船長が現れます。彼は開口一番、下手なオランダ語で「お前たちを殺すことはしない」と言います。ガリバーはこの船長に深々と辞儀をして、先ほどのオランダ人に向かって「見たまえ、同じ信仰につながる者同士よりも異教徒の方がはるかに慈悲深いではないか…」と口にします。そういわれていよいよ逆上したオランダ人は、日本人船長を口説いてガリバーに刑罰を与えます。

その結果ガリバーは、櫂と一枚帆のカヌーに四日分の食糧だけで、大海に放り出されます。その際、船長は自分の食料を差し出してガリバーの食糧を倍に増やしてくれますが、その間、例のオランダ人は、ありとあらゆる罵詈雑言をガリバーに向かって浴びせかけるだけでした。

これでスウィフトが日本人の海賊よりも、オランダ人の方をはるかに悪辣な悪役に仕立てているのがわかります。

空飛ぶ島ラピュータ国へ

こうしてひとりにされたガリバーは五日間漂流した末に、とある島にたどり着きます。上陸してみると好天にも関わらず、突然周囲が翳ります。びっくりして振り仰ぐとそこに大きな円形の島が浮かんでいるではありませんか。望遠鏡で見ると人々が集まって自分の方を見て騒いでいます。ガリバーがハンカチを振って助けを求めると、その島が次第に高度を落とし、椅子のついた鎖が降ろされて命拾いをします。

天空に浮かんだ島はラピュータ国でした。『ガリバー旅行記』が書かれた十八世紀初頭といえば飛行機もなければ気球もありません。いったいどうしてラピュータ国は空中に浮かんでいるのでしょうか。

その原理がこと細かに描かれています。ひとことで説明すればラピュータ国は磁石の反発力で空中に浮かんでいるのです。島の中心に大きな洞窟があり、その中に一個の巨大な天然磁石が据えられています。その中央部には硬い鉱石が貫いて全体を

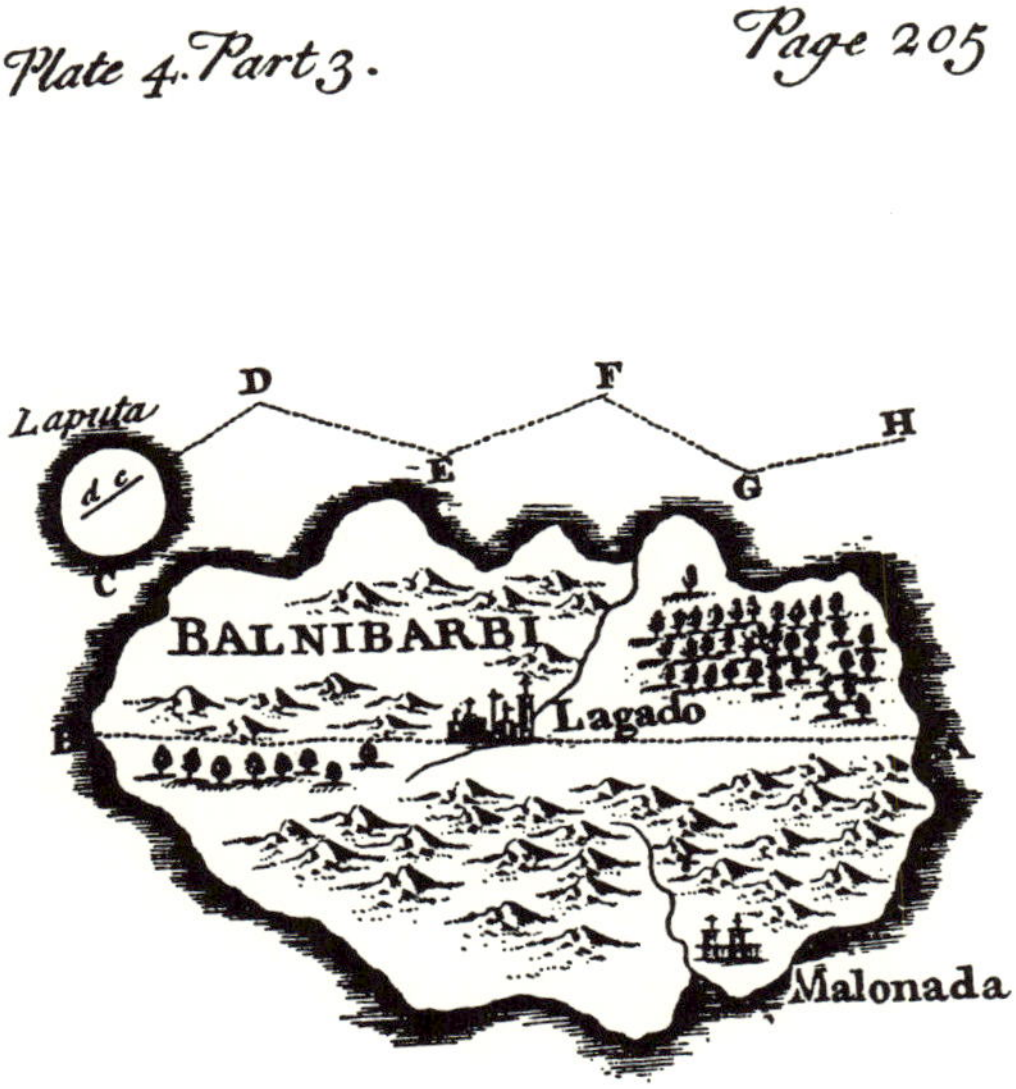

バルニバービ国の上方にラピュータ国が浮かんでいる
(“Gulliver’s Travels” by Norton Critical Editions)

支えています。それを軸として磁石が回転するようにつくられています。

磁石には吸引力と反発力があるので、地上に向けて吸引力がある極を垂直に向ければ島は下降し、逆に反発力をもった極を向ければ島全体が上昇します。磁石を斜めにすると、島も斜めに移動できます。ただしこの空飛ぶ島は、下にある島の範囲外に出て行くことはできません。なぜなら磁石に反応する鉱物がその島に限定されているからです。

つまりラピュータ国とその下にある島「バルニバービ」は離れようとしても離れられない関係にあるのです。しかもバルニバービ国はラピュータ国に従属する他、生きるすべはありません。なぜなら何か逆らうようなことを起こすと、ラピュータ国はその上に移動して日光をさえぎったり、雨の恩恵をなくしてしまうことができるからです。さらにいえば上から石を落とすこともできるし、最終手段としては島そのものを落下させることもできると、まるで「空襲」を予言したようなことまで書いています。

このような発想はリニアモーターカーを知っている我々からすれば難なく理解できますが、当時としては「ブッ飛んだ」アイデアだったといえるでしょう。

原作には次のような説明があります。

ＡＢはバルニバービを横切る線、ＣＤは磁石でＣは吸引力を持った極で、Ｄは反発する極を表し、現在ラピュータはＣの上空にあるとする。いま反発する極を下に向けて磁石をＣＤの位置にすると、空飛ぶ島はＤ点をめざして移動する。Ｄ点に達したら磁石を回転させ、吸引力をもった極をE点に向ける。すると島はE点めざして進んでゆく。そこで反発力を持った極を下に向け磁石をふたたびＥＦの方向にむけると、島はF点に向かう。およそこのように必要におうじて磁石を回転させ、島は自由に上昇と下降を意のまますることができる。

これを読んで「まるで幾何学の講義を聞くようだ」と大喜びしたのは数学も得意だった夏目漱石で、「スウィフトの想像力は詩的というよりもむしろ散文的だといえる。散文的というよりは事実的だといえる。事実的の極はついに科学的になる」と絶賛しています。

ラピュータ国から日本まで

ラピュータ国の人々は高邁な思考や瞑想にふける癖があり、音楽と数学以外には何の興味もしめさない性癖があり、ガリバーに関してもほとんど無視に等しい扱いでした。ですからガリバーは、ひと通り島のめずらしいものを見終えると国王の許可を得て、登ってきたのと同じ方法で下界のバルニバービ国に降ろしてもらいます。

その首都をラガードといい、ガリバーは大研究所を見学します。そこで優秀な医師と出会います。医師は国内での政党争いが激しくなった場合、両者を和合させるノウハウを熟知していました。それは両政党から百人づつを選び出し、同じサイズの頭の持ち主を選んで一組とし、それぞれの後頭部をのこぎりで切断し脳髄を入れかえるという手術です。こうすれば両党員は共に節度ある調和のとれた思考になるというわけです。

これはスウィフトがイギリス議会で自ら激しい政党争いに身を置いた経験からきたブラックユーモアでしょう。この種のユーモアについて漱石は、「スウィフトの作品は不愉快である。しかし真理をさぐり事実を極める点から見ると愉快でもある」と表現しています。

ガリバーはまもなくこの国にも滞在する気がなくなり、故郷イギリスに帰りたくなります。そこで首都を後にしてマルドナーダという港に移ります。そこから船でラグナグ国に渡れば、日本は北西方向百リーグほどのところにあり、おまけに両国は同盟関係にあったのです。
つまりガリバーはオランダ人になりすまして日本に渡り、オランダ船に乗ってヨーロッパに帰ろうと思いたったわけです。でもラグナグ国行きの便船まではなお一ヶ月ほど間があったので、その時間を利用して隣国の小さな島グラブダブドリッブ（魔法使いの島）を訪れます。

この島の族長は妖術が使え、死人を二十四時間だけよみがえらせる能力を持っています。ここでガリバーは、アレキサンダー大王など過去の有名な英雄たちの亡霊と会話を交わし、歴史や英雄の逸話というものがいかに虚偽に満ちているものかを悟り、暗澹たる思いに陥ります。

再びマルドナーダ港に戻ったガリバーは、予定通りの船便に乗って一か月ほどの航海の末にラグナグ国に到ります。到着するとガリバーは、役人に「自分はオランダ人でここから日本に行き、日本から故国に帰りたい」という意志を明らかにします。幸いラグナグ国の人々は寛容で礼儀正しい人たちばかりでした。国王はいったん国にとどまるのをすすめますが、ガリバーの固い決心を知って出国を許し、日本皇帝あての親書まで与えてくれました。

出国する前にガリバーは、この国に極めて稀に生まれてくる「死ねない人びと（不死人間）」たちに興味をおぼえます。しかしその老いさらばえた姿を目撃して、それまで不死にあこがれていた自分を恥ずかしく思い、不老を伴わない不死など決して望むまいと誓うのでした。これもまたブラックユーモアの典型です。

一七〇九年五月六日、彼は国王に別れを告げ、ラグナグ国を離れます。船を待つのに六日を費やし、十五日間の航海でガリバーはついに日本の土を踏むことになります。

ガリバーの上陸地点は？

岩波文庫の『旅行記』によればガリバーが上陸した場所は、「日本の南東部にある小さな港町で、ザモスキという所に上陸した。」とあります。「ザモスキ」は原文では“Xamoschi”とつづります。もちろんこれはスウィフトの造語でしょう。

さてそのザモスキですが、夏目漱石は『文学評論』の中で、いかにも明治の英語教師らしく「クサモシ」と発音しています。

続けて漱石は、「最初上陸したクサモシというところは日本の南東の極とあるから、或いは鹿児島のことかもしれない。」というのです。しかしながらこの鹿児島はおかしいのです。列島の「南西部」ならば鹿児島でいいでしょうが、「南東部」なのですから地理的に九州は当りません。漱石が「東南」を「南西」と思い違いした可能性が考えられます。『旅行記』の三篇に載せられた地図（三八頁）をもう一度見てもらえば、日本の南東部に当たる個所は関東地方しかありません。太平洋上に想定されたラグナグ国と日本を結ぶ航路を考えれば、やはり関東地方が一番近いことになります。

ところで日本の地名をヨーロッパの言葉で最初に記したのは、イエズス会士たちです。彼らの日常会話はポルトガル語が主流だったので、日本人から聞いた地名をポルトガル語の綴りに変えたのです。それによれば「X」は「サ行」に当てられ、例えば「志摩」を「Xima」、「下関」を「Ximonoxequi」と書いています。ということは「Xamoschi」は「ザモスキ」でもなく「クサモシ」でもなく、「サモシ」と読むのが正しいように思えるのです。もちろんサモシと読んだところで、それがどこを指すのかまではわかりませんが…。

『旅行記』の研究者の中には、これはスウィフトが生きていた時代に流行した「アナグラム」ではないかと指摘する人もいます。アナグラムというのは英語のスペリング（つづり字）を並べ替えることで、まったく別の意味の文章として読む遊びです。『旅行記』で

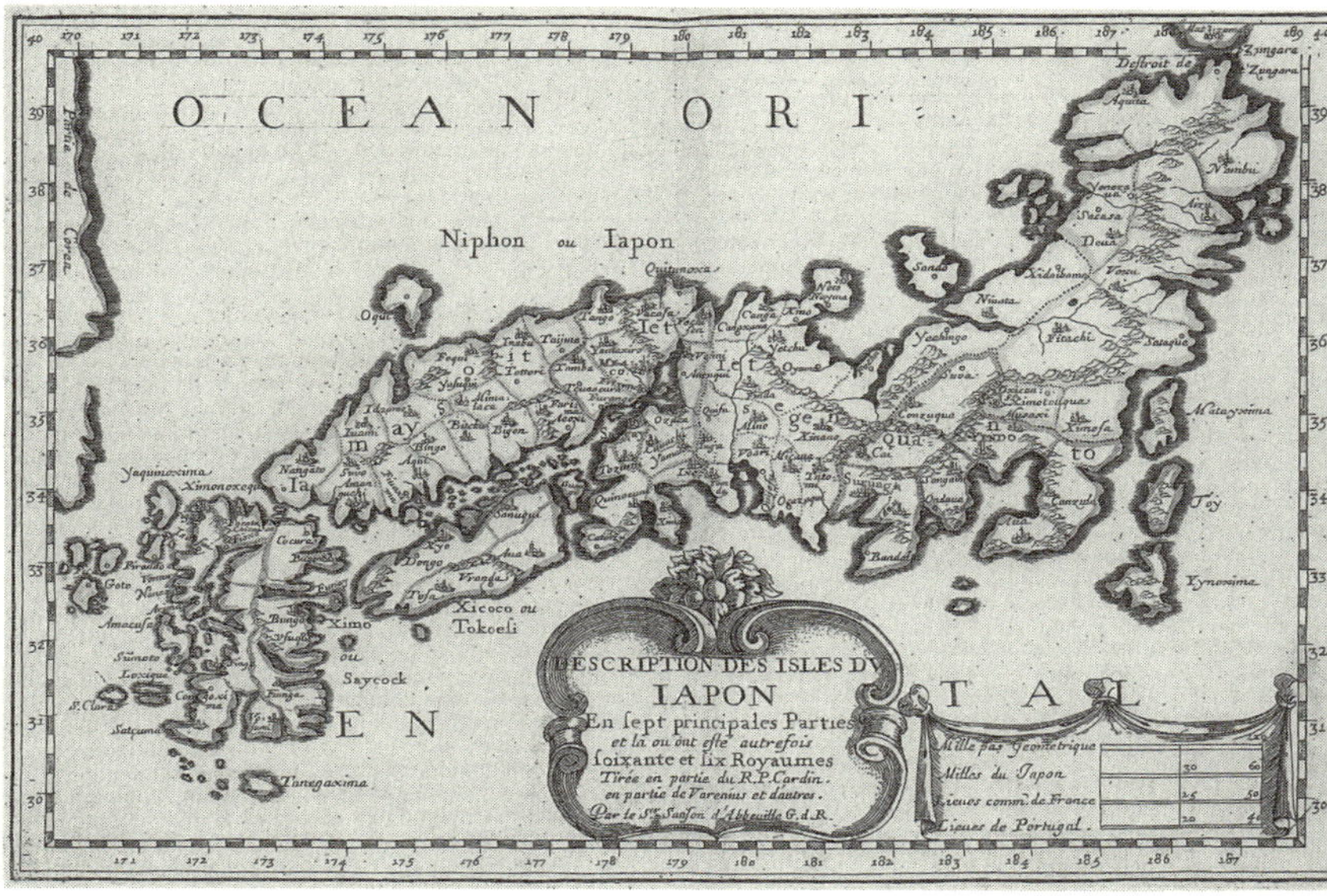

イエズス会士ニコラス・サンソンによる日本図　1662年、房総半島の付け根にXimosa（下総）が見える（『西洋人の描いた日本地図』）

は第三篇の第六章にその実例が出てきます。そこで「サモシ」を読みかえると「シモサ（Simoxa）」となり、「下総」と読めるので銚子あたりの港に上陸したのではないかとする説があります（『菊とライオン』）。

この話を知人に話したところ彼は、だったら「サモシ」をアナグラムを使って「モサシ」と読んではどうかと手紙をよこしてきました。彼のいわんとするところは「モサシ」すなわち「武蔵」ということです。確かに武蔵は関八州のひとつで江戸は武蔵国にあります。

原作の「（ザモスキの）町は狭い海峡になっている海の西岸に臨んでおり、その海峡をさらに北上すると長い入江があった。その入江の北西部に臨んでいるのが首都江戸なのだ」という記述から、上陸の地を三浦半島の観音崎とする研究者もいます。結論はまだ出ていません。

話を進めます。ガリバーは「ザモスキ」の役人にラグナグ国王の親書を示します。それを目にするなり町の当局者は彼を使節扱いにしてくれ、馬車と召し使いを提供して江戸まで送ってくれました。こうしてガリバーは馬車に乗って江戸に足を踏み込むのです。

ところで親書に押されてあった玉璽《ぎょくじ》というのが、「手のひらほどもある図柄」で、「足なえの乞食を地面より抱き起す王の姿」なのです。こんなことを書き加えることで、いったいスウィフトは何を言いたかったのでしょうか。図柄の王の姿というのは他でもない、奇跡を行うキリストの姿に他なりません。つまり、キリスト教が最も忌み嫌われている国にキリストの像を持ち込んだわけです。こういうところにスウィフトの意地の悪い微笑を見ることができます。

踏み絵を嫌がるガリバー

江戸に到着したガリバーは皇帝（将軍）への謁見が許されます。彼がたずさえて来た親書が開封され、オランダ語がわかる通訳官（オランダ通詞）がその内容を説明します。そのあとで皇帝はガリバーに、もし願い事があればなんなりと申し出よと寛大な態度を見せます。

そこでガリバーはかねてから決めていた通り、「私はオランダの商人で、遭難した末に、ようやく日本と同盟を結んだラグナグ国にたどり着きました。日本にはわがオランダ国民が貿易のためにやってくると耳にしています。できれば彼らと一緒にヨーロッパに帰国することができればこの上ない幸せです。そのためにも、どうかこの私を長崎まで無事に送り届けていただけないでしょうか…」と懇願します。

皇帝が口を開く前にガリバーは「それからもう一つお願いが…」と、続けます。じつはそれこそがスウィフトがガリバーに言わせたかったセリフなのです。「私の庇護者であるラグナグ国王との誼みに免じて、オランダ人に課せられている例の儀式（原文では"the Ceremony" 踏み絵のこと）を、どうか特別な計らいで勘弁していただきたいのです」と申し出るのです。「なぜなら私は（オランダ人のように）交易の目的で日本へ来た者ではなく、たまたま不運な事故で遭難し、やむなく漂着した者に過ぎないのですから」と、その理由までつけ加えるのでした。

このガリバーの言葉の前提として、日本に来ているオランダ人は一人残らず踏み絵を行っていることが想定されています。その証拠に皇帝はびっくりして、「そんなことをいうオランダ人は初めてだ。お前は本当にオランダ人なのか。本当はキリシタンではないのか……」とガリバーを怪しみます。しかし彼に親書を持たせたラグナグ国王のことを思ってそれを許可します。

「わかった、そのことは部下に命じておこう。ただしそれが他のオランダ人に露見したらお前はいつ殺されるかわからないぞ」と釘を刺します。オランダ人たちは踏み絵を免れた者を快く思わないだろうというのです。時折しも一部隊が長崎まで行くというので、ガリバーを護送してくれることになりました。

こうして「長くつらい旅」を経た末に一七〇九年六月九日、ガリバーは長崎に到着します。「出島」という言葉こそ出てきませんが、当時のオランダ人はその小さな島に閉じ込められていたわけですから、ガリバーも船出までを出島で過ごしたことになります。そして港内にはアムステルダムからやって来た「アンボン号」が浮かんでいました。

オランダ人を装っていたガリバーは、周囲から自らの来歴や航海について様々な質問を受けますが、若い頃ライデンで勉強したことのある彼はオランダ語はしゃべれたし、もっともらしい話をでっちあげることぐらいは朝飯前でした。ただ一番肝心な踏み絵を免れた点だけはひた隠しに隠しました。そのうち彼が医者であることがわかると、船長は医者の手伝いすることを条件に帰りの船賃を半額にしてくれました。

出帆の直前になって、二、三人の乗組員から「お前は本当に踏み絵の儀式はすませたのか」、としつこく尋ねられ「もちろん行った」と返答するのですが、一人の質の悪い小間使いがいて、役所にガリバーが踏み絵をしていないことを告げ口します。しかし役人はそれを見逃すように命じられていたので、逆にその者を捕えて二十回叩のむち打ちの刑に処したのです。以後、彼は二度と踏み絵のことでわずらわされることはありませんでした。

アンボン号は順風の中を喜望峰を迂回して、一七一〇年四月六日、アムステルダムに入港します。そこからは小さな船に乗り換えてイギリスに向かい、家族と再会を果たすことができました。

以上が第三篇のあらすじです。

イギリス商館閉鎖とアンボイナ事件

ここでイギリス商館に触れなければなりません。

ガリバーが日本にやって来たのは一七〇七年、平戸のイギリス商館はすでに撤退していました。そのざっと百年前、ウィリアム・アダムスの斡旋で先ずオランダが（一六〇九）、続いてイギリスが平戸に商館を建てます（一六一三）。イギリス商館はアダムスの助力もあって江戸・大坂・堺・京都に代理店を出すこともでました。しかしイギリスが誇りとする毛織物の商品は、湿度の高い日本の気候に合わず売れ行きが良くなかったのです。

徳川秀忠（一五七九〜一六三二）が二代将軍になると、外国人の住居と貿易は平戸と長崎に限定され販路が狭くなります。その後アダムスがイギリス商館のために幾度か朱印船貿易を試みますが、商館の赤字は解消できません。ついに一六二二年、本国から商館閉鎖の命令が届きます。商館長は、もう一年頑張れば事態を好転できると信じてがんばりましたが無駄でした。こうして一六二三年末に商館は閉鎖され、商館員たちも日本を離れました。イギリス商館はオランダとの競争に負けたことになります。

ちょうどその頃、赤道直下でもイギリスの敗北を象徴する事件が起きていました。

香料諸島はフィリピンの南、ボルネオの東にあります。そのバンダ海に面したアンボン島は小さいながら海上交通の要所で、ポルトガルが撤退したのちは英蘭が丁子《ちょうじ》（香料）を求めて商館を持っていました。アンボンの町にはイギリス人とオランダ人が住んでいて、オランダ側の要塞には二百名ほどの守備兵がおり、うち十一人は日本人の傭兵たちでした。当時の日本人は雇われたり買われたりして赤道直下まで出かけていたことがわかります。

事件のきっかけはひとりの日本人がつくりました。七蔵という傭兵がオランダ人の歩哨に近づいて要塞の構造や兵力を問うて来たのです。七蔵は臨時傭いの兵で要塞の内側のことは知りません。彼が軽い気持ちからそんな質問をしたのかどうか、今となっては分かりません。

ただそれを耳にしたオランダ兵は七蔵を怪しんで拷問にかけます。その結果、七蔵はイギリス人と結託して要塞を乗っ取ろうとしていたことを自白します。こうして他の日本人もイギリス人たちも要塞に呼び出され、虐待を受けた末にイギリス人十名と、日本人九名が処刑されます（一六二三）。斬首されなかった二人の日本人はソイシモと作兵衛で、無実をはっきりと主張したので許されたとされています（『菊とライオン』）。
ここに処刑された日本人の名前を掲げます。

七蔵（二十四歳）　平戸出身
長左（三十二歳）　平戸
神三（三十二歳）　平戸
シドニー・ミゲル（二十三歳）　長崎
ペドロ・コンギ（三十一歳）　長崎
トメ・コレア（五十歳）　長崎
久太夫（三十二歳）　唐津
左兵太（三十二歳）　筑後
三忠（二十二歳）　肥前

全員が西国の出身で、三名の長崎出身のクリスチャンネームが目を引きます。秀忠の禁教政策の強化により、キリシタンにとって日本が非常に住みづらくなっていたのは明らかです。彼らはオランダ人の傭兵となって海外に逃れたのでしょうか。

この「アンボイナ事件」は本国のイギリス国民の怒りに火をつけました。イギリスの政治家は挑戦的なパンフレットを次々と書きオランダを攻撃します。

オランダ人もこれに反論します。事件は十一人の日本人による陰謀でありイギリス人は彼らにそそのかされたといい、非難の矛先を変えようとしました。「我々は日本人を良く知っている。彼らは有害で、好戦的で、略奪を好み、傲慢で自尊心が極めて強い」と書いています。日蘭貿易はまだ未熟な段階で、朱印船貿易はオランダ人にとって強力なライバルだったのです。

イギリス議会は時の国王ジェームス一世にオランダへの報復を求めましたが彼は決断できませんでした。外交は長引いて、「ピューリタン革命」により登場した独裁者クロムウェルが一六五四年、第一次英蘭戦争の終結の際にオランダ側に要求した賠償金の中に、アンボイナ事件の遺族たちへの補償金を払わせることで決着をみます。

しかしこの事件の爪痕は大きく、その後もイギリス人はオランダ人に対する恨みを忘れませんでした。いわば太平洋戦争における「真珠湾攻撃《パール・ハーバー》」のようなものです。一六七三年、名誉革命時代を代表するイギリスの詩人で劇作家ジョン・ドライデンは『アンボイナの悲劇』という戯曲を書いて大ヒットさせ、半世紀前の事件をよみがえらせます。そのときスウィフトは六歳でしたが、彼の成長過程でオランダ人への嫌悪感は自ずから影響を与えたのではないでしょうか。

アンボイナ事件　1623年、イギリス人が拷問にかけられている（『大航海時代』）

『旅行記』の第三篇の終わりで、ガリバーが長崎から乗りこんだオランダ船の名前をおぼえていますか。「アンボン号」です。「アンボン」とは「アンボイナ」に他なりません。つまりスウィフトは「オランダ人たちよ。我々は決してアンボイナ事件を忘れないぞ」とチクリとやったわけです。

第五章

「踏み絵」千里を駆ける

鎖国へ舵を切った秀忠政権

長崎の教会が破壊された一六一四年、宣教師はもちろんキリシタン大名・高山右近や内藤如安をはじめとしたキリシタン百四十八人がマニラやマカオに追放されます。これは「大追放」とも呼ばれています。

日本のキリシタンはこれによって一時混乱に陥りますが、家康が亡くなるまでの一年半の間に大坂夏の陣があり、「武家諸法度」や「一国一城令」など重要な法令が次々と出され、その慌ただしさに乗じて潜伏していた宣教師や信者たちは再建の努力を図ります。その結果、キリシタンの勢力は温存されるどころか、活気を取り戻そうとしていたのです。

二代将軍秀忠の政権は家康と比べると短い期間でしたが、その後の幕府にとって重要な基礎固めをします。⑴キリシタン禁制の徹底、⑵外国船の入港を平戸と長崎に限定したことです。禁教令の強化と同時に、家康外交に終止符を打ったのです。言い換えると「鎖国」に向かって大きく舵を切ったことになります。

一六一九年、秀忠は朝廷に自らの権力を誇示するために上洛します。その京都でキリシタン五十二名を捕えて火あぶりに処します。それは同時に天下に自らの威武を見せつけるためのものでした。

一六二〇年、マニラからマカオを経て長崎に帰ろうとしていた日本船が、途中オランダ船に出会い薪水を分けてもらおうと接近します。ところがそれは平戸を出港したイギリス船でした。イギリス人は日本人乗組員の密告により船内に宣教師を隠しているのを知り、点検したところ、船底に潜んでいた二人の外国人を見つけ出します。それはスペイン系の宣教師ズニガとフローレスでした。

そこに折よく日本に向かうオランダ船が通りかかります。その頃、英蘭両国はスペインに対して共同戦線を張っていたので宣教師二人を日本船もろともオランダ船に引き渡し、平戸で取り調べがはじまります（船長の名前から平山常陳事件と呼ばれています）。

厳しい拷問にもかかわらずズニガもフローレスも、自らを商人であると主張し、逆に自分たちを捕えた英蘭両国を海賊行為で告発したので問題が長期化します。証言者として船長の平山はもちろん、イギリス・オランダの両商館長、長崎からは代官と長崎奉行までもが平戸に召喚されます。つまり「英・蘭×スペイン・ポルトガル」という構図が日本に持ち込まれたわけです（『朱印船』）。

二年後（一六二二）、ついに両名が宣教師であることを自白して、ズニガ、フローレス、平山船長の三人は火あぶりに、乗組員十二名は斬首されました。

この事件によって英蘭が主張していた通り、マニラやマカオからの宣教師の日本潜入が明らかとなり、幕府のスペイン・ポルトガルに対する不信感は一層募ります。逆に、オランダは「オランダ人御忠節（幕府の禁教政策に忠誠を尽くした）」と高い評価を受けます（『キリシタン禁教史』）。

またこの事件を契機にキリシタンへの弾圧が激しくなります。一ヶ月のち、大村の獄につながれていたキリシタン関係者五十五人が、長崎の西坂でことごとく斬首と火刑に処せられます。それは「元和《げんな》の大殉教」と呼ばれています（一六二二）。

幕府は今回のような国際紛争に関わることを恐れ、西国大名に対して⑴日本人を海外に売り渡すことを禁じ、⑵武器の輸出や海賊行為も禁じました。これを裏読みすると、西国諸藩はそれ迄、東南アジアに船を出して以上のような行為を繰り返していたことになります。ここでイギリス人探検家デービスがマレー半島近くで、日本の海賊に殺されたことを思い出してください（九六頁）。

翌一六二三年、ポルトガル人に対してはさらに締め付けが厳しくなり、日本人キリシタンとの接触を禁じるために、⑴日本定住を認めず、⑵船舶の越年を禁じ、⑶宿泊はキリシタンではない市民の家に限り、(4)日本婦人との間に男子がいる場合は出国しなければならないことを決めました。

また国内向けには、(1)日本人キリシタンの出国禁止。(2)朱印船のマニラ渡航の禁止。(3)ポルトガル人の水先案内人の雇用の禁止など、宗教的鎖国体制の原型がここに整備されたことがわかります。

禁教を厳しくした家光政権

「元和の大殉教」の翌年、家光(一六〇四~五一)が三代将軍になると、父秀忠に習って先ずは江戸のキリシタン五十五人を死刑に処します(一六二三)。

祖父家康によってはじめられたスペインとの外交は禁教令により御破算になり、秀忠はそれをさらに強化したので交渉は進展しません。

家光が将軍になったのち、スペイン本国ではフェリペ四世が国王になったのを機会に、大使を乗せた豪奢な貢ぎ物を積んだスペイン船を日本に遣わして薩摩の山川に来航し(前年の元和の大殉教を恐れて長崎入港を避けました)、将軍との謁見を求め、日本貿易に前向きの姿勢を示したのです。しかし一行は追い返されます。時すでに遅しでした。こうして先ず、スペイン船の来航が禁止されます（一六二四）。

翌年正月、平戸のイギリス商館が自ら撤退し、日本との貿易はポルトガルとオランダだけになりました。家光政権の下でのキリシタン弾圧はさらに厳しく、過酷なものとなって行きます。処刑される宣教師の数は倍増し、一般信者の数もまたそれまでの三倍以上へと急上昇を見せます（『キリシタン禁制史』）。

このキリシタンの摘発に最も効果があったのが、長崎ではじまった報奨金制度でした（一六一八）。宣教師やキリシタンの所在を奉行所に訴えると高額の賞金が貰えるというものです。それはたちまち効を奏して、長崎の主要なキリシタンは一掃され、教会組織も壊滅状態に陥ります。この報奨金制度は全国の高札に明記され、明治六年にいたるまで掲げられました。

こうして捕えられたキリシタンが、棄教した証明として考え出されたのが「踏み絵」で、彼らの信仰の対象である十字架やキリスト像、聖母像を足で踏むことを意味します。それをいつ誰がはじめたのかについては、はっきりわかっていませんが、すでに室町時代の一向一揆や法華一揆の際に、捕えた宗徒にその信仰対象を足蹴にさせたり、踏ませた可能性があるとの指摘もあります（『踏絵』）。

それまでのキリシタン弾圧は、宣教師とそれをかくまった関係者だけを対象としていましたが、家光が遣わした長崎奉行水野守信は対象をすべてのキリシタンに拡大します。すなわち殲滅を図ったわけです。

『東インド会社遣使録』に描かれたキリシタンの迫害の図　ヨーロッパに日本人は残酷というイメージを与えた

先ず長崎代官末次平蔵（最大の朱印船貿易家）と町年寄（町内のまとめ役）を転宗させ、転宗を拒んだ町民たちの追放を図ります。といっても彼らは他の土地に移ることは禁じられていたので近くの山中に逃れるより他ありません。彼らの粗末な家がつくられたところを役人に見張らせておいて、ことごとく焼き払います。こうして雨露さえしのぐことのできない人々が行き場に窮して「転びます」と申し出たところで、踏み絵をさせて転宗したことを確認しました。それがいつ始まったのか正確には分かりませんが、奉行水野守信の在任中であったのは間違いありません（一六二七年頃）。

水野は最初は掛け軸の絵像を踏ませたようですが、のちそれが破損してからは鋳物の像、つまり今のわたしたちがイメージするような踏み絵に変わります。それでもなお転宗を拒んだ人々や宣教師たちは島原半島の雲仙に連行され、熱湯の湧き出る地獄で凄惨な拷問にかけられました。人々は、それを「山入り」と称したそうです。

水野の後任となった竹中重興が編み出した拷問はさらにエスカレートして、言語に絶する酸鼻を極めたもので、転宗者の数は最高の一五八名を記録しました（『キリシタン禁制史』）。こうして長崎からキリシタンは一人残らず消えてしまいます（一六二九）。

ここで忘れてはならないのは、転宗したにもかかわらずなお密かに信仰を守り続けた人々がいたことです。いいえ、むしろそういう人々の方が遥かに多かったはずです。彼らは潜伏（かくれ）キリシタンとして、毎年踏み絵をしながら仏教徒として明治初期まで信仰を守り続けます。

フェレイラという宣教師が仏教に転宗したのも、弾圧が過酷になって行く一六三三年のことでした。汚物を溜めた穴に逆さ吊りにされたフェレイラはわずか五時間で棄教します。日本キリシタン宗門史上、転宗した宣教師は彼ひとりです（『鎖国への道すじ』）。それを知ったイエズス会本部の驚きは察するに余りあります。日本管区長という立場にあったフェレイラを何としてでも立ち返らせようと何度も宣教師を送りこみますが、幕府の厳しい取締りの下、すべて失敗に終わります。

キリスト教の弾圧とからんで、海外貿易も次第に制限されていきます。一六三二年に父（秀忠）が亡くなると、家光はただちに自らの権力を強化して毎年のように「鎖国令」を出します（もっとも鎖国という言葉は歴史用語で当時使われたものではありません）。

第一　寛永十年（一六三三）……十七ヶ条
第二　寛永十一年（一六三四）……十七ヶ条
第三　寛永十二年（一六三五）……十七ヶ条
第四　寛永十三年（一六三六）……十九ヶ条
（第一〜第四：主に、海外往来の禁止、宣教師の取締り、海外貿易の取締り規定）
第五　寛永十六年（一六三九）……三ヶ条（ポルトガル船の渡航禁止）

このうち第一次から第四次までは内容的に続いており、第三次令により大幅改訂がほどこされ、第四次令によって確定がなされています。その内容を整理すると、(1)日本船と日本人の海外渡航の禁止。(2)キリスト教の禁止とキリシタンの摘発の徹底と強化。(3)ポルトガル人や混血児の国外追放（一六三六）とポルトガル人の隔離（出島の造成）などで、目的はキリスト教とキリシタンを完全に排除するところにあります。

ポルトガル人子女や血縁者など二百八十七人を収容するために出島が築かれますが、彼らを追放したのちはポルトガル人の商務員だけが残りました。

このような中で「天草・島原一揆（島原の乱）」が起きます。それは農民一揆という性格と、いったん棄教したものの「立ち返り（復活）」したキリシタンによる一揆という二つの性格を備えていましたが、幕府から見ればそのいずれもが見逃せないものでしたから、子供から老人・女性にいたるまで総勢三万七千人が惨殺されました（一六三七～八）。

幕府は「天草・島原一揆」ののち、さらに禁教政策を厳しくする一方、平戸からオランダ商館長カロンを呼び出して、もし、ポルトガル貿易が途絶えた場合、オランダ人がその代わりを担うことができるか否かを質問します。カロンは心中飛び上がるほど喜んで、「可能です」と答えます。この瞬間オランダ貿易の展望が大きく開け、他方でポルトガルとの断交が決定されます。それが最後の第五次令で、その一六三九年が「鎖国の完成」とされています。

しかしこの時の幕府の禁教の姿勢はオランダ人にまで飛び火します。平戸に建てなおされた真新しい商館には、「1639」という西暦が刻まれていました。それはキリスト生誕が基準ですから急きょ取り壊しを命じられ、オランダ人は空地になっていた長崎の出島に強制移住を命じられます。その時のオランダ商館長カロンは不服がましいことは一切口にせず、従順に幕府の命令に従いました。もし、そうしなかったらオランダ人も日本貿易から除外されていたかもしれません。

このオランダ商館の平戸から長崎への移転は、一つには幕府がオランダ貿易を自らの管理下に納めるためと、もう一つはポルトガル貿易を失った長崎の豪商たちが行き場に窮して、幕府に背後から働きかけたということが考えられています(『幸田成友著作集』)。

こうして一六三九年鎖国制度が完成し、わが国ではその後二百数十年続いた「徳川の平和」が花開くことになります。その間のヨーロッパに目を向けると、三十年戦争、英蘭戦争、スペイン継承戦争、オーストリア継承戦争、アメリカ独立戦争、フランス革命、ナポレオン戦争など、戦争に次ぐ戦争という血なまぐさい歴史になっています。

みちのくに現れたオランダ人

家康の時代にメキシコからビスカイノという特使が来て、日本の東海岸を測量した話をおぼえていますか。このビスカイノという航海術に長けた人物は、じつは口外できないもう一つのミッションを抱えていたのです。それは「金銀島」を調査発見するということでした。

金銀島とは何でしょうか。それは当時日本の東海上にあると想定された宝島のことです。それは「黄金の国ジパング」の代償として考えられたものです。ビスカイノが東日本測量のためと称した背景にはじつはそれが隠されていたのです。もちろんそんな島など存在するわけもなく、帰国したのち彼自身が金銀島はなかったと報告しています。

しかしこの話はオランダ人に漏れ伝わり、東インド会社もじっとしておれなくなりジャカルタから探検隊を二度にわたり送り込みます。その二度目の隊は二隻の船で編成され太平洋上を北上します。それは幕府が鎖国して四年後のことでした（一六四三）。

その一隻が嵐ではぐれ、薪水を補給するために三陸海岸の小さな湾に碇を下ろします。

そこは二〇一一（平成二十三）年、東日本大震の際、押し寄せてくる津波にも関わらず避難勧告を放送し続け、自らも行方不明になった女性職員、遠藤未希（二十四歳）さんがいた岩手県山田町でした。

山田浦の「オランダ船寄港図」（『オランダ人捕縛から探る近世史』）

湾の外に碇を下ろしたオランダ船はボートを出して沢の水を補給します。そのめずらしい光景に大勢の村人たちが集まります。やがて物々交換を通して人々との交流がはじまり酒を飲み交わし、夜になると乗組員の一部は湾の中にある小島に上陸し、楽しい一夜を過ごします。彼らをもてなした中には蠱惑的な十人の遊女たちもまじっていました。彼女たちは「熊野比丘《びく》尼《に》」と呼ばれ、全国を旅し、旅人たちを歌で魅惑しては誘い、金を乞うては熊野神社に上納していたのです（『オランダ人捕縛から探る近世史』）。

村人たちが異国人と気楽に触れ合ったのは、五年ほど前に出された鎖国令がその周辺にはまだ十分に浸透していなかったからとされています。船は翌朝、探検航海を続けるために出帆しました。

そのことが盛岡城に伝わると、藩はことの重大さに気がつき、ただちに二十名の武士を山田村に派遣して証言を集め、外国人と交換した品々を回収し、法にそむいた人々を裁くための白洲まで用意しました。

仰天したのは村人たちです。彼らにできることはただひとつ、あの船がもう一度湾に戻って来るのをひたすら祈ることだけ。再度船が戻れば彼らを捕えてお上に引き渡せば自分たちは処罰されません。彼らは霊験あらたかな神社に集まって、船が戻るのをひたすら祈り続けるのでした。

一か月半ほどたったある日のこと、例のオランダ船が再び山田湾に姿を見せたではありませんか。

その船はエトロフ島に到達したものの、あまりの悪天候と、貿易するには魅力に乏しい土地だったので引き返す決心をします。その時彼らが頭に想い描いたことはただひとつ、あの女性たちともう一度楽しい時間を過ごしたいということです。北海道も、八戸も、宮古もやり過ごして一直線にあの小さな山田湾を目指して戻ってきたのです。

このチャンスを村の人たちは最大限に活かします。先ず遊女たちを船に乗せて、歌いながらオランダ船をめぐりつつ彼らを歓迎します。次に役人が船に上がって挨拶を交わし、船内や武器などを見せてもらったあとで、酒を交わしながら異国人に上陸をすすめます。女性がいると丘を指し示すのです。こうしてスハープ船長を含めた十人のオランダ人を上手に陸地へ誘い出し、一行が船から見えない所までやって来たところで、突然彼らを取り押さえたのです（『南部漂流記』）。捕縛されたオランダ人は次の通りでした。

スハープ＝船長、三十二歳
ベイルフェルト＝商務員、二十四歳、スペイン語可
バイスマン＝賄頭・舵手、三十三歳、スペイン語とポルトガル語可
スペルト＝水夫、二十二歳
ヘリッツ＝桶職人、二十六歳

エルスホルト＝砲手、二十歳
スホルテン＝砲手、二十七歳、ロシア語とポーランド語可
スレイ＝甲板長補佐、二十歳
パウ＝給仕、十四歳、スペイン語とポルトガル語可
ブールマン＝給仕、十五歳

その後、日本人はスハープ船長に紙を渡し、事情を説明した手紙を書かせ船に届けさせます。スハープは問題が解決するまで停泊するよう命じたのですが、船の方では相談の末、日本人の攻撃を避けるために湾を去ってしまいます。その際、着替えのための衣服が、日本人を通して一行に届けられました。

こうして村人たちは自らが処罰される悪夢から逃れることができたのです。

オランダ人の踏み絵

遠藤周作の『沈黙』という小説は、外国人の監督（マーティン・スコセッシ）によって二

〇一七年映画化もされました。あのストーリィは史実に基づいた箇所もあります。フェレイラという人物は実在します。転宗した時彼は五十三歳でした（『踏絵』）。彼の背信行為はイエズス会のみならずヨーロッパ中のキリスト教徒に大きな衝撃を与えます。

それから九年の準備期間があって、五人の宣教師がフェレイラの罪をつぐなおうと死を決して鹿児島に潜入します（一六四二）。でも彼らは幕府の厳戒体制の中ですぐに捕まり、長崎で拷問にあって全員が殉教します。翌年、さらに四人の宣教師が福岡から上陸し江戸送りとなり、取り調べののち全員が転んで、江戸のキリシタン屋敷に収容されます（一六四三）。

山田村でオランダ人が捕われた事件はそのわずか一ヶ月後のことでした。ですから幕府から見れば、「すわっ、奥州にも現れたか…」ということになります。

拿捕されたオランダ人は三つのグループに分けられ一夜を過ごし、翌日顔を合わせた際、それぞれの境遇を話し合います。一つのグループが「日本人が十字架を持ち出して来たので、それに向かって唾を吐き、足で踏みつけた」と報告します。確かにオランダ人は「十字架踏み（踏み絵）」を行ったのです。彼らはキリシタンの拷問のことは知っていたので、捕らわれの身でいる間は、反キリシタンの態度を貫くことを申し合わせます（『南部漂流記』)。

一行は盛岡まで連行されたのち藩主からも審問を受けます。一行の前に持ち出されたのは、またもや木の十字架でした。そして「これに口づけをして礼拝するように」と命じられます。しかしオランダ人はそれを拒絶して十字架に向かって唾を吐き、足で踏みつけようとしました。しかし「踏んだ」とは書いてありません。

藩主はさらに彼らを試すために、マリアが幼子イエスを胸に抱いた銅板を見せますが、彼らは再びそれに向かって唾を吐き「これを砕いてもいいか…」と聞いてきたので藩主は大笑いして、銅板をかたづけさせたとあります。ここで持ち出された十字架や銅板は、長崎から運ばれて来たものではなく、かつてスペイン系宣教師により東北地方まで浸透したキリシタンたちから奉行所が没収したものではないでしょうか。

つぎに彼らはポルトガル語やスペイン語が話せる者がいるかどうか質問されます。じつは分かる者が混じっていたのですが彼らは知らぬ振りを通します。ここで彼らは自分たちに有利になるにはどう語り、何を黙すればいいかを考えます。「どこから来てどこへ行くつもりであったのか、どうして山田浦に立ち寄ったのか」という質問には「ジャカルタから香料諸島をへて台湾に向かおうとしていた途中、強い西風と幾度かの暴風に遭い、こんな北の方にまで流されてしまった」と口裏を揃えます。

また、船に宣教師をかくまっていなかったかという問いに対しても、余計なことは一切しゃべらず、今述べた言葉を繰り返すだけでした。特に金銀島探検についてはおくびにも出しません。もしそれが日本の領土だとしたらひどい目に遭うのは明らかだったからです。

その後盛岡を出発して江戸に到着すると、オランダ人の常宿長崎屋の一階に宿泊させられました。城に呼び出され、大目付井上政重や長崎奉行から詳しい尋問をうけますが、だいたい同様な受け答えで押し通します。江戸では、福岡で拿捕され、小石川のキリシタン屋敷に幽閉されていた四人の宣教師たちと、長崎から呼び出されたフェレイラにも対面します。彼らは口をそろえて一行がオランダ人であることを証言しました。フェレイラは地図を持ち出し、彼らに地理や航海術について鋭い質問をしています。

大目付の尋問が終ると、最後に江戸城に呼ばれ、将軍じきじきの尋問があり（といっても将軍は隠れています）、出島のオランダ商館長が彼らを迎えに江戸に向かっているという有難い言葉を聞かされ、一同は初めて胸をなでおろします（『南部漂流記』）。

その後彼らは、長崎まで商館長エルセラックと共に旅をして、二隻のオランダ船でジャカルタを経てヨーロッパへ戻ることができました（一六四四）。

ブレスケンス号事件

この話は彼らが乗船していたオランダ船の名前から「ブレスケンス号事件」と呼ばれています。ところでこの話、ガリバーが日本にやって来たときの話と似通っていると思いませんか。

つまりこういうことです。『旅行記』の第三篇にあったように、ガリバーは太平洋上にあるラグナグ王国からまっすぐに江戸に向かえばいいものを、わざわざサモシという小さな港町に上陸したのち江戸を目指しています。

この寄り道をした「小さな港町」とは、まるで山田浦そのもののように思われるのです。オランダ人がたどった山田浦↓盛岡↓江戸↓長崎というコースと、ガリバーがたどったラグナグ王国↓サモシ↓江戸↓長崎というコースとそっくりなのです（『踏み絵』）。果たして『ガリバー旅行記』を書いたスウィフトは「ブレスケンス号事件」を知っていたのでしょうか。だとすればいったいどのような経緯を経てそれを知ることができたのでしょうか。

ヨーロッパの人々をして日本に最初に目を向けさせた人物はマルコ・ポーロです。その『東方見聞録』により彼らの頭の中に「黄金の国ジパング」が刷りこまれます。

長崎開港のころ、ポルトガルが生んだ最大の詩人と称されるルイス・デ・カモインスは以下のような詩を残しています（一五七二）。

自然が最も不思議なものを見せようと選び抜いたこれらの島々を忘れてはならない。海のはるか彼方、その位置もはっきりしない。中国に面したこの国は、素晴らしい銀で有名な日本。まもなくキリスト教がひろまることでも有名になるだろう。

その予言通り日本にはイエズス会の宣教師が入り込みます。そして彼らがローマに書き送った報告書こそが日本に関する最初のドキュメンタリーになります。それは荒廃した戦国時代から信長の天下統一、秀吉の桃山時代、そして家康の晩年まで、と日本史の中でも最もドラマチックで人気のある時代を網羅しています。

鎖国制度が敷かれるとオランダ人か、あるいはオランダ人と称して一緒にやって来たヨーロッパ人によってしか日本を報じることはできなくなります。例えば平戸のオランダ商館の破壊を命じられた商館長カロンはフランス生まれのプロテスタントでした。幼い頃両親と共にオランダに避難したようです。

彼が帰国した後にオランダで出版した『日本大王国史』(一六四五)は小冊ながら、日本人の社会・風俗について要領良くまとめられた書誌で、たとえば武士の切腹の話や、キリシタンの血生臭い処刑や拷問に触れていました。それは読者の好気心をそそり、他の国々の言葉にも翻訳されました。

『東インド会社遣使録』(或いは『モンタヌス日本誌』)

ここに、イエズス会士の報告書、カロンの『日本大王国史』はもちろん、加えてオランダ人の対日使節の見聞録、そして出島のオランダ商館員などの記録などに目を通したのち日本の風俗・政治・歴史などを詳細にまとめたオランダ人牧師がいます。それがモンタヌスで、ラテン語学校の校長をしており、歴史に関する著述を数多くのこしています。

その代表作『東インド会社遣使録』(一六六九)は、それまでのように日本を好奇の目ではなく、世界史的な立場から眺めて書かれていたので、初版以来ヨーロッパの読書界から歓迎されます。一六七〇年、英語・ドイツ語・フランス語など各国語に翻訳されました。その中に「ブレスケンス号事件」がかなりの頁を費やして紹介されています。ただ彼は同国人が踏み絵をしたという個所を意図的にぼやかしました（『菊とライオン』）。にもかかわらずそれが余りにスキャンダラスであっただけに、「踏み絵をした」という風にひろがってしまいます。

ところでスウィフトは果たして『東インド会社遣使録』を実際に読んだのでしょうか。思い出してください。『旅行記』の第三篇に、ガリバーが「サモシ」に上陸するとラグナグ王国の使節として扱われ、召使いつきの馬車に乗って江戸を目指したことを。

しかし当時の日本人は馬車を使用してはいません。身分の高い人々は駕籠を利用しました。馬車が日本に登場するのは明治の「文明開化」当時の話です。

ではスウィフトは思いつきで筆を走らせたのでしょうか。いいえ、ここにそうとはいいきれない証拠があります。モンタヌスの本には多くのイラストが挿入され、日本のめずらしい風景や風俗が描かれています。

その中の一枚に出島の俯瞰図があります。これが出島を最初にヨーロッパに紹介したイ

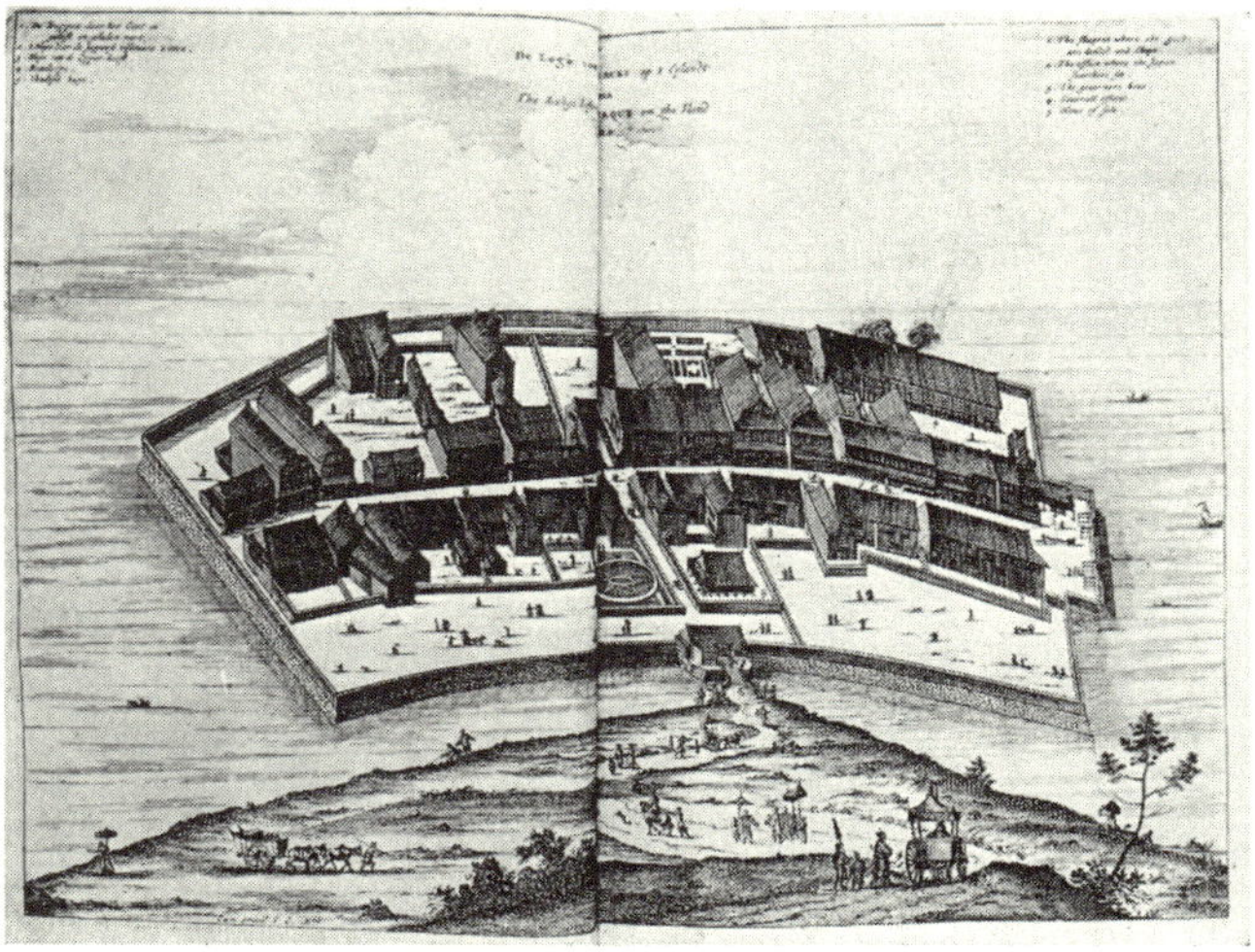

『東インド会社遣使録』の出島図　奉行所があるべきところが荒地になっている（『モンタヌス日本誌』）

ラストになるのですが非常に良く描かれています。その表門の対岸（今の江戸町）には家一軒となく、むき出しになった丘陵を道が右に左にカーブして続いています。良く見るとその道に「馬車」が描かれていて、三輌の馬車は天蓋をつけ、召使いを伴ってすすんでいます。これを見たヨーロッパ人は誰しもが日本にも馬車があると思ったに違いありません。もちろんスウィフトを含めてです。つまりガリバーを日本で馬車に乗せたことが、スウィフトがモンタヌスを読んでいた何よりの証拠になるのです。

さらに出島のイラストを目にしなが

ら、スウィフトが何故「出島」を出さなかったのかという疑問に答えます。それはモンタヌスの解説では、「この（東インド会社の）官舎は小島にあり、長崎とは幅四十尺の川をもって隔てられ、これを越えるには刎ね橋を渡る」とあり、「出島」を「小島」としか呼んでいないのです。スウィフトの頭の中には「出島」はなかったのです。

もっとも英語版が出されたのはスウィフトはまだ三歳でしたので、彼がそれを読んだとすれば、イギリスのテンプル家に入った以後のことになると思われます。いずれにしろ彼はプロテスタントの聖職にあったので、牧師モンタヌスの本には接しやすい立場にあったといえます。

ヴァーレンの『日本伝聞記』の扉絵　1649年、左下の帽子の人物が著者（ウェブより）

ついでにつけ加えたいことがあります。モンタヌスの本が評判になった一六七〇年代のイギリスで、日本に関するもう一冊の本が脚光を浴びます。ドイツ生まれで、ライデン大学で学んだヴァーレン（ラテン語読みでヴァレニウス）

の『日本伝聞記』（一六四九）がそれです。ヴァーレンはわずか二十八歳という短い生涯にもかかわらず、「近代地理学の祖」と称されるほど天才的な学者です。晩年に『日本伝聞記』と『一般地理学書』（一六五〇）を著します。

『日本伝聞記』は、ヴァーレンがラテン語で書かれた世界地理書の中で、日本が抜け落ちていることに気がつき、モンタヌスよりも二十年も早く取り組んだ著作でした。これこそがヨーロッパ言語による日本についての最初の総括的な書誌に違いないのですが、ケンペルやシーボルトほど知られていないのは残念です。

そのヴァーレンが亡くなったのち、イギリスが生んだ天才科学者アイザック・ニュートン（一六四二～一七二七）が彼の著書に目をつけて高く評価します。天才は天才を知っているのです。

その結果、イギリスでヴァーレンの著作集が再版されます。その『日本伝聞記』には、尾張の国王「信長」も、太閤「秀吉」も、大御所「家康」も登場します。ニュートンの頭の中にこれら三人の名前が入っていたことを想像すると、漱石先生ではありませんがちょっと愉快になります。

じつはニュートンとスウィフトは同時代を生きています。ニュートンが二十五歳年上なのですが、ロンドンで顔を合わせたこともあったそうです。第三篇のラピュータ国で、いつも深い集中力で考えに没頭するので、現実に戻すために頭の叩き役を雇う話は、ニュートンがモデルとされています。

またある時、ニュートンが発表した論文の数字を、印刷屋がゼロを一つ多く付け加えたために大きく狂ってしまうことがありました。スウィフトはそれを憶えていて、同じラピュータ国で、ガリバーの服を新調する際に、職人が測った数字を一桁間違えたため、とんでもない仕上がりになったという話に変えて登場させています（岩波文庫『ガリヴァー旅行記』）。

第六章

英蘭戦争の果てに

オランダの独り勝ち

一六三九年、幕府が鎖国に踏み切った知らせにジャカルタのオランダ東インド会社は沸きに沸きました。会社員はもちろん、市民までも巻き込んで盛大な祝賀会が開かれたそうです（『鎖国』）。

オランダにとって対日貿易で先陣を切ったポルトガル・スペインを追い落とすことは長年の悲願でした。とくにスペインはオランダ建国以来の宿敵です。オランダには「八十年戦争」という言葉があります。スペインに対して反旗をひるがえした十六世紀半ばから十七世紀半ばまで、途中、十二年間の休戦期間をはさみながら、じつに八十年間に渡って戦いを繰り返してきたのです（『日本とオランダ』）。

オランダが東洋に進出すると、ポルトガル・スペイン間との争いはさらに激しくなり、オランダ艦船はポルトガルの拠点であるゴア、マラッカ、マカオを攻撃し、またその間を行き交うポルトガル船を襲います。日本が鎖国に入る前の数年間（一六二九～三五）に、ポルトガル船百五十隻を捕獲あるいは撃沈して、大きな損害を与えています（『鎖国』）。

さらに艦隊をルソン近海に出動させ、太平洋航路のスペイン船を攻撃したり拿捕しては、その商品を日本貿易にまわすというあくどいことを行ったこともあります。イエズス会士がしばしば「オランダ人は海賊である」と幕府に訴え出たのも決して絵空ごとではありません。

そんなオランダ人にとって頭の痛い問題は、幕府公認の朱印船でした。朱印船貿易こそが日本にも大航海時代があった証しであり、さらに発展する可能性を秘めていたのですが、それも家光の鎖国政策によって消え去ってしまいます。オランダ側からすれば、幕府が自分の方から問題を解決してくれたようなもので、祝賀会が盛り上がったのも理解できます。

こうして日本の貿易相手国だったベトナム、シャム、カンボジアもすべてオランダの手中に収まり、日本へのオランダ船による輸入量は膨れ上がります。十七世紀にオランダ経済が奇跡の大成長を遂げた背景には、この日本貿易の独占が大きく寄与していたことがわかります。ドイツの研究者ナホッドによれば、対日貿易がピークに達するのは、一六五二年から一六七一年にかけての二十年間であるとされています（『十七世紀日蘭交渉史』）。

その間オランダ船は、毎年平均して七、八隻入港していますが、一六六五年には十二隻を記録しています。これは江戸期を通した中で最も高い数字です（『洋学史事典』）。

さて、残されたライバルは中国だけになりました。オランダは幕府に働きかけて唐船の来日をも阻止しようと図ります。その口実として中国には宣教師がいることを指摘します。しかし幕府は漢書の取締り（禁書）を厳しくしたり、入港した唐船の乗組員に「踏み絵」をさせるだけで貿易は継続させます。

その後シャムやカンボジアは、日本との貿易を望んだこともあったのですが、オランダは事前にそれを察知して両者の関係を阻止します。例えば一六五〇年、日本に向かったカンボジア船は、途中でオランダ船に拿捕されています（『鎖国』）。オランダは他の外国が日本に接近するのを断つことで、自国だけが恩恵にあずかろうとしたわけです。見方をかえれば、幕府の鎖国政策の片棒をかついだことになります。

イギリスの挑戦

鎖国が完成した年（一六三九）、ダンケルク沖でオランダとスペインの海軍が戦ってオランダが圧勝します。翌年スペインからポルトガルが独立、さらにその九年後、ついにスペインがオランダの独立を認めます（一六四八）。もはやスペインの零落振りは誰の目にも明らかでした。

こうしてオランダは世界の覇者におどり出ます。その勢力は十八世紀の半ばまでおよそ百五十年間続きます。それはオランダの画家レンブラントやフェルメール、顕微鏡の発明者レーウェンフークなどが活躍する時代であると同時に、『ガリバー旅行記』の作者スウィフトの生涯も含んでいます。

目を見張るような発展を見せたオランダに比べ、エリザベス一世（一五三三～一六〇三）のイギリスはまだまだ貧しい国でした。彼女は国庫を富ます手っ取り早い方法として、財宝を積んでヨーロッパに戻る途中のスペイン船を襲わせます。それは「海賊船」ではなく「私掠《しりゃく》船」と呼ばれていますが、やっていることは海賊行為に他ならなかったのです。

女王の晩年、東洋貿易を確保するためにオランダよりも早く東インド会社をインドに設立します（一六〇〇）。しかしその航路はかつてポルトガル人が開拓した航路をなぞったものでした。

そこへ行くとオランダ人はアフリカ南端を迂回したのち、マダガスカル島沖の貿易風をとらえ、直接、東南アジアの島々に到着します。インドを無視した点が違っていました。彼らが基地としたジャワ島のジャカルタは、香料諸島が目の前で、インドを北西に、台湾や日本を北東に配するという地の利がありました。それは香料諸島と日本貿易をめぐるイギリスとの戦いで、オランダに有利に働きます。

エリザベス一世には子供がいなかったので、彼女が亡くなるとチューダー王朝は途絶え、新しい王をスコットランドから招きます。これがスチュアート王朝になります。

そのジェームス一世は「王権神授説」の持ち主でイギリス議会と対立し、イギリス国教会を国民に強制したり、カトリック教徒とピューリタン（清教徒）を排除しようとします。これに反発したピューリタンたちがイギリスを逃れ大西洋の彼方に新天地を求め、最初のアメリカ定住者「ピルグリム・ファーザーズ」と呼ばれる人々になります（一六二〇）。

一度だけの共和制

ジェームス一世の後を継いだチャールズ一世も、議会との間に紛争が絶えませんでした。王党派が圧倒的に強かったのですが、窮地に陥った議会派から救世主が現れます。それが軍人クロムウェルです。彼は生粋のピューリタンで正面から王政を否定し、軍を強化することで国王の軍隊を次々と打ち破り、ついにはチャールズ一世を断頭台で処刑します

（一六四九）。

これが「ピューリタン革命」（一六四〇～六〇）で、その後十年間ほどクロムウェルによる独裁政治が続き、国王のいない共和制が続きます。その間スウィフトの祖父は、国王をトップとする国教会派の牧師でしたからイギリスに居づらくなり、一家を率いてアイルランドに移住を余儀なくされます。幸いなことにそこで長男が弁護士として成功します。

一六五一年、クロムウェルは最大の敵をオランダと決めつけ、オランダ商船の締め出しを図ります。それが「航海法」で、イギリス本国と植民地ではイギリス船籍以外の船は取り引きを禁止されます。この保護貿易はその後二百年に渡って効力を発揮し、中継貿易の多かったオランダを次第に窮地に追い込んでいきます。その結果、三度の英蘭戦争が起きたのはすでに触れました。

クロムウェルが亡くなると息子が跡を継ぎますが、政治的能力がないのを自ら認め政権を放棄します。その空白をどのようにして埋めるかという時に、イギリス議会はピューリタン革命で処刑したチャールズ一世の息子（フランスに亡命していました）を国王に戻すという選択をします。それが「王政復古（一六六〇）」です。帰国したチャールズ二世は父のような政治的な野心は抱かず、日々の政治は専ら大臣や議会にまかせました。

ちなみに彼はポルトガル王家のキャサリン（カテリーナとも）王妃と結婚しますが、そのニュースはオランダ人を通して日本まで伝わり、のち幕府がイギリスをキリシタン国と決めつける原因となります。

王政復古から十年後（一六七〇）、チャールズ二世はルイ十四世と密会し、裏金をもらってイギリスをカトリック国にする約束をします（フランス亡命中にカトリックになっていたのです）。フランスとイギリスが手を結べばどうなるでしょう。それを最も恐れたのはオランダです。現にルイ十四世の陸軍はオランダの都市を南部から次々と陥落させ、オランダは国家存亡の危機に追いつめられていました（一六七二）。

ここにウィレム三世が登場します。彼はオランダ建国の父オランエ公ウィレムの曽孫であり、熱心なプロテスタントでもありました。ウィレム三世は、再び自らの国土を水没させ籠城戦に徹します。戦争は六年間に及びます（一六七二～七八）。

一方イギリス議会では、チャールズ二世がにわかに「信仰自由宣言」をします。議会はその背後にカトリックに肩入れする王の姿勢を嗅ぎつけ、新しい国王を探しますが世継ぎがいないのです。第一候補は従弟のヨーク公爵でしたが、彼もまたフランス亡命中にカトリックになっていました。この王位継承に関して世論は二分され、国王を中心にした国教会派（王党派）と、それ以外の宗派にも寛容な政党（民権派）とに分かれ、これがイギリス二大政党（のちの保守党と自由党）のもとになります（『物語イギリスの歴史』）。

議会政治になるまで

そのうちにチャールズ二世が亡くなり、従弟のヨーク公爵が、ジェームス二世として即位します（一六八五）。しかし彼は兄と異なり傲慢で反動的な政策をとり、たちまち議会と対立します。

彼には亡くなった先妻がいて、二人の娘（メアリとアン）がいました。彼女たちが嫁いだ相手（国王）はイギリス国王の継承権を持っていましたが、ジェームス二世が再婚した相手がイタリアのモデナ公国の妃（カトリック）で、その間に男子が生まれるのです。そうなるとその子がイギリス国王を継ぐことになります。それは国教会の人々にとっては不都合極まりないことでした。

そんな中で議会の有力者たちは、オランダに嫁いだメアリの夫ウィレム三世（プロテスタント）に目をつけて密かに連絡をとり、イギリス国王に迎える準備をはじめます。そして一六八八年、ジェームズ二世と議会が離反している隙をねらって、ウィレム三世が五百隻というオランダ艦隊に二万人の兵を乗せてイギリス南部トーベイに上陸、イギリス国王の座を手中におさめ、ジェームス二世は逃亡します。この電光石火の離れ業には誰もが唖然とするばかりでした（『世界の歴史』）。

それは流血なしで行われたので、「名誉革命」と呼ばれ、「ウィレム三世」は英語読みで「ウィリアム三世」となり、妻は「メアリ二世」として戴冠式が盛大に祝われました（一六八八）。

この革命でフランスに避難したジェームス二世は、ルイ十四世の援助を受けてアイルランドに上陸して巻き返しを図ります。ここにイギリス（じつはオランダ）とアイルランド（じつはフランス）は本格的な戦争に入ります。

この戦争でアイルランドが勝利すれば、イギリスもオランダもフランスのルイ十四世の勢力下に呑みこまれ、ヨーロッパの情勢が大きく変わります。各国は戦局の行方を固唾を飲んで注目しました。

決戦はアイルランドのボイン河畔で行われ、辛くもイギリス軍の勝利に終わります（一六九〇）。以後アイルランドではイギリス国教会派が支配的な位置を占めます。しかしケルト系原住民にはカトリックが多く、両者の対立は現代まで尾を引いています。

その前年、二十二歳のスウィフトは、ダブリンの混乱を避けてイギリスの母親を尋ねますが、やがて彼女の縁故を通して当時政治家として大立者であったウィリアム・テンプル卿の食客になります（一六八九）。テンプル卿は、かつて三国同盟（一六六八）の調印をしたり、ジェームス二世の娘メアリとオランダのウィレム三世との結婚を促進させた人物でもありました。

新しい国王ウィリアム三世は、人民の自由と権利を認めた『権利の章典』（のちアメリカ独立宣言やフランス革命に影響を与える）を受け入れ、イギリスは議会制民主主義に移ります。議会を構成していた人々は海外貿易や産業を支配している市民階級の人々です。こうしてイギリスもオランダに続いて市民階級が権力を握る新しい国家へと成長します。

三度にわたる英蘭戦争は初めは互角でしたが、戦いを重ねるたびにオランダは不利になっていきます。第二次英蘭戦争の後、イギリスは東アジアをオランダに譲るかわりにアメリカ東海岸にあったオランダの領土マンハッタン島を手に入れます。今日のニューヨークです。こうしてオランダが東アジアにこだわったのに対して、イギリスはアメリカという新天地に足を踏み込むことになります。

スウィフトが生まれたのは第二次英蘭戦争が終わった一六六七年ですから彼が生きた時代は、イギリスが絶対王政から議会制民主主義へと移ろうとする政治的にも宗教的にも、紆余曲折を経た極めて困難な時代であったことがわかります。

イギリス船「リターン号」

平戸のイギリス商館が閉鎖(一六二四)されたのちも、イギリスは日本貿易をあきらめたわけではありません。目まぐるしく変わる国内情勢とオランダとの戦争により、手が回らなかっただけなのです。およそ半世紀ののち、第二次英蘭戦争が終結し航海の安全が保障された合い間を縫って、貿易再開の試みが行われます。

一六七一年、三隻の船がイギリス本国を出帆し、ジャワ島のバンタム(ジャカルタの西)を目指します。最初は中継地としてトンキン(ハノイ)と台湾に商館を設置する予定でしたが、資金の調達がつかずトンキンをとばして台湾に集結します。

当時の台湾は明国の遺臣鄭《てい》成功がオランダ人を駆逐したのち、その息子鄭経が支配していました。交渉は難航するばかりでついに日本行きの季節を逃してしまいます。致し方なく三隻は台湾と大陸の間にある澎湖島に避難して冬を待ちます（一六七二）。

その一隻が「リターン号」で、船長の名前はデルボーでした。一行は相談した結果、日本向けの積荷をリターン号に移し変えたのち、残る二隻はいったんバンタムに戻り翌年合流することを決めます。ところがそこに第三次英蘭戦争がはじまり、二隻とも帰帆の途中で待ち構えていたオランダ船に拿捕されてしまうのです（『江戸時代を見た英国人』）。

何も知らないデルボー船長はいつまで待っても二隻が戻って来ないので、翌一六七三年、単独で日本に向かう決心をします。

十字架にしか見えない「セント・ジョージ・クロス」（『日本とオランダ』）

ここで国旗の問題が発生しました。当時のイギリス国旗は白地に赤い十字のデザイン（セント・ジョージ・クロス）で、日本人なら誰が見てもキリシタンのシンボルである十字架にしか見えないのです。
東インド会社の方でもそのことに気がついていました。総裁をはじめとする二十二人の役員が会議を開き、船旗を変えた方が良いか検討した末に、旗を変えるのは不名誉なことであるし、意図的に十字架を隠したことを追求される恐れもあるので、そのままの旗で入港するのが良いという結論が出ていました。もし問題が起きたら、我々の十字架はローマカトリックのそれとは異なることを説明すれば良かろうという結論に達していました。

デルボー船長はそのことを知っていたはずです。しかし、実際に長崎に行ったことがある中国人が、「こんな国旗のままでは入港を認められるはずがない」と指摘したのです。彼は日本のキリシタンの取締りの厳しさを良く知っていたのです。

変貌する踏み絵

その中国人の言葉通り、表面上キリシタンがいなくなると、それはもはや転宗を証明するものではなく、仏教徒であることを証明する儀式へと姿を変えていました。すなわち長崎の人々はいずれかの寺に所属させられ（戸籍の登録）、毎年踏み絵を行わなければならなかったのです。

それは正月の三日から九日まで一週間をかけて、町内の子供から老人まで例外なく義務づけられ、旅人はもちろん、乞食にいたるまでという徹底振りでした（『長崎港草』）。

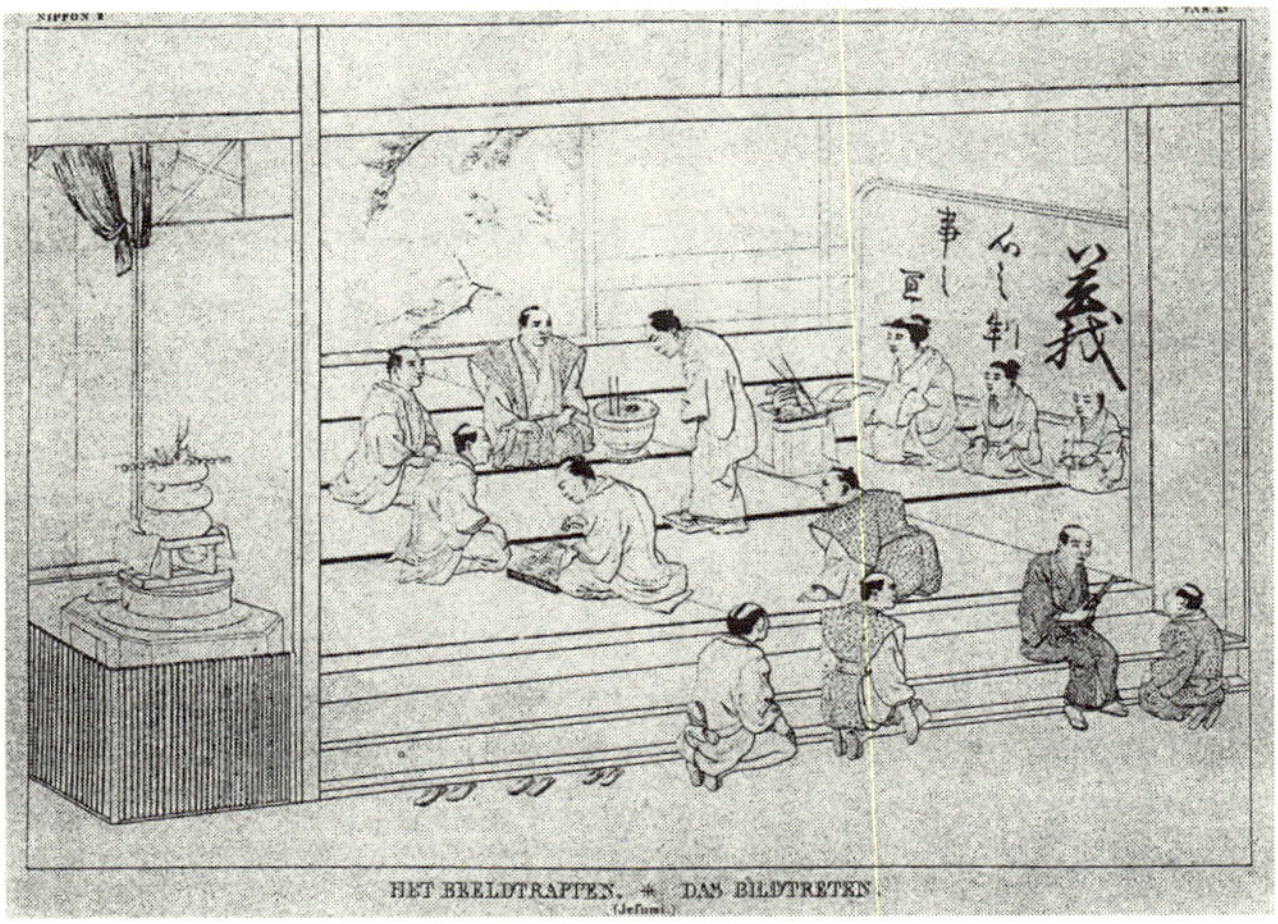

年中行事化した踏み絵（『踏み絵』）

その日が来ると人々は近所を清掃し、男は紋付羽織、妻子は晴れ着で着飾って役人が来るのを待ちます。あらかじめ足袋を脱ぎ、赤ん坊は母に抱かれたまま、寝たきりの場合には踏み絵を運んで蒲団をめくり踏ませます。ですから長崎の人々は踏み絵が終わるまでは、とても正月気分という訳には行きません。それが終ってようやく小豆飯を炊き、祝宴を張ったと申します。

『長崎市史風俗編』を書いた古賀十二郎は、踏み絵が終わったときの長崎独特の万歳について次のように綴っています。

身には鶴をえがいた素袍（礼服）のようなものを着て、平袴をつけた様は三番叟《さんばそう》のようないでたちで、陶の大黒または恵比寿の面などをかぶり、烏帽子あるいは頭巾をいただき、右手に扇を持ち、厄払いの文句を歌いながら、静かに舞う。もう一人が袖頭巾をかぶり、鼠色の紋付を着流しにして、しめ太鼓をトコトコとたたく。この万歳舞が来ると、家々ではよろこんで迎え入れ、茶菓子などを出して、相応の鳥目（金銭）を贈るのであった。

（『長崎市史風俗編』より抄録）

長崎の町内での踏み絵が終わり、二月に入ると代官支配の三ヶ村（長崎村、浦上村、淵村）と、代官預かりの七ヶ村（日見、古賀、茂木、川原、樺島、野母、長浜）のいずれも長崎近郊での踏み絵が行われました（『踏絵』）。

他に九州諸藩では五島、大村、平戸、豊後（大分）、日向（宮崎）などのように長崎奉行所から踏み絵板を借用して踏み絵を行うところもあれば、小倉や熊本のように独自の踏み絵板を使ったところもあります。潜伏キリシタンの人々は仏教徒の振りをして聖像を踏んだのはいうまでもありません。

しかしそんな踏み絵も、遊郭があった長崎の丸山町と寄合町は例外で、じつに華やかなものでした。というのも富裕層や、中国人、オランダ人などは、踏み絵の日のための派手な衣装を贔屓《ひいき》筋の遊女たちに競って贈ったからなのです。ですから豪奢に着飾った遊女の姿を一目見ようと大勢の人々が押しかけ、丸山界隈はお祭り騒ぎになったそうです。

『俳句歳時記』では踏み絵は春の季語とされています。「江戸時代、邪宗信者（キリシタン）でないことのあかしをたてるために行われた。聖母マリアやキリストを抱く図や、十字架上のキリストを描いた図を踏ませ、これをなしえない者を邪教徒と見分けるもの。最初は絵、のちに木板、さらに銅板となった。平常は長崎奉行所と江戸キリシタン屋敷に所蔵しておき、主として長崎で毎年行われ、九州の諸大名には踏み絵を貸しさげて実地させた。正月三日からはじまり、二、三月までに終了するのが例で、各町の町乙名（役人）が各戸を回り、主人以下家族や使用人にいたるまで踏み絵を行わせ、その確認として帳簿に捺印した。丸山遊女の踏み絵は八日で、美しい衣装をまとった美女たちが裸足で絵踏みする様を見物ようと群衆が雑踏したという」（『図説俳句大歳時記』）

ところでこの踏み絵がお隣の清国に影響を及ぼしているのです。清国でもカトリックが禁止された時代があり、特に雍正帝（一六七八〜一七三五）の頃には迫害が厳しく、国内の教会堂が閉鎖されたり、宣教師たちはマカオに追放されました。ですから十七世紀の末から十九世紀の初めにかけて日本を模倣して清国でも踏み絵が行われたのです。それは「跨越十字架」とか「践踏十字架」と呼ばれています（『踏絵』）。

長崎に来航した唐船でも、乗組員が上陸前に船中で踏み絵をさせられたのは、すでに書きました（後期には漂着唐船のみ）。リターン号船長に長崎の様子を語った中国人は、あるいはその一人であったのかも知れません。

イギリスはキリシタン国

十字架にしか見えない国旗が日本で極端に嫌われているのを知ったデルボー船長は迷った挙句、台湾で新たに白地に赤の横縞の入った旗をつくらせます（『江戸時代を見た英国人』）。リターン号がその旗を掲げて長崎の港口に着いたのは一六七三年七月五日のことで、記録によれば「雨の降る蒸し暑い日」だったそうです。

リターン号が碇を下ろすと、たちまち九州諸藩の警護の船に囲まれます。役人が来てイギリス船であることを確かめた上で何の目的で来たのかを問われます。船長はチャールズ二世の国書と家康の朱印状（といっても彼らの思い違いでしたが）を提出し、以前平戸で行っていたように貿易を再開させて欲しいと願い出ます。宗教については、自分たちはオランダ人と同じで、カトリックではないこと強調しました。

『寛文長崎図屛風』に描かれた「リターン号」 十字架ではなくストライプの旗を掲げている（『新長崎市史』）

役人は船内にポルトガル人やスペイン人が潜んでいないか調べた上で、もし、貿易を望むなら、銃器と火薬は我々に預けなければならないと申し渡します。その結果、日本人は船長のピストルに到るまでボートに積んで持ち去りました（『長崎古今集覧』）。

オランダ人は、イギリス国王チャールズ二世がポルトガルのキャサリン王妃と結婚したことを前もって幕府に報告していました（一六六四）。もちろん幕府がキリシタン嫌いであるのを熟知していたからです。ですから今回も役人たちは、「その結婚は何時のことで、子供はいるのか」などとデルボー船長に執拗にたずねてきました。

でもこの時点で奉行所としてはリターン号を鎖国令にそむくものとは受けとってはいません。オランダ人同様に出島に住まわせる意向でした（『長崎県史』）。

最初の礼拝の日曜日を迎え、船長の心は揺らぎます。ついに例の旗を降ろさせて、正式の国旗（セント・ジョージ・クロス）を掲げさせます。するとオランダ通詞（通訳官）がとんで来て「なぜ旗をかえたのか？」と追及がはじまります。

船長は最初の旗は雨で汚れたので破棄したと弁明し、神に祈る日曜日には正式な旗を掲げるのは当然で、しかもこの旗は平戸商館でも掲げていたと弁明につとめます。このやり取りの最中に、日本人は「神」を英語で"God"というのを学びます（『長崎古今集覧』）。

翌日、オランダ船二隻がリターン号の側を通って入港してきました（その年の蘭船の入港は六隻）。その際船長は再び国旗を掲げます（それが慣例でしたから）。するとまたオランダ通詞がやってきて旗を元に戻すよう忠告します。やはり日本人には十字架は悪い印象しか与えなかったのです。

新たに入港した二隻のオランダ船は、第三次英蘭戦争のはじまりを告げます。リターン号はいよいよ不利な立場に置かれます。両国の開戦を知った奉行所の役人はデルボー船長に「長崎や日本近海で英蘭が戦うのは許されない、すでにオランダ側からも不戦の誓約書をもらったので、イギリスも同意するように」とサイン求めます。船長はオランダ船よりも先に長崎を出港させてくれることを条件にサインをしました。追撃を恐れたのです。

一か月ほど待たされた挙句、幕府から返書が届きます。案の定、貿易は不許可でした。キリシタン国ポルトガルと姻戚関係にあるというのがその理由です。オランダ人の目論み通りにことが運んだのがわかります。

『長崎実録大成』には次のように書かれています。「この度、オランダ人が訴え出るには、近年イギリス国王の方へポルトガル国王の娘を嫁がしめし故、国中の者ども常に南蛮人の交わり親しく之あり」というのです。オランダ商館長は、イギリスがポルトガルと極めて親しいことを幕府に強調していたのです。

幕府の命令は「二十日以内に立ち去れ」というものでしたが、出帆するのに都合の良い風はなかなか吹いてくれません。そうこうしている間にリターン号では薪水・食糧が欠乏しついに船内の現金も尽きてしまい、奉行所に助けを求めました。長崎奉行岡野孫九郎は独断で、積荷の品々の価格と相殺することで事態をしのぎました（それは交易をしたことになり国法に背く行為です）。

八月六日のことです。食料品を持ってきたオランダ通詞が一隻の異国船が長崎に向かっていると教えてくれたのです。リターン号の誰もが、それは昨年、澎湖島で別れた二隻のうちの一隻ではないかと期待しました。近づく姿を見れば正しくそのエキスペリメント号に違いありません。ところが奇妙なことに帆柱にはオランダの旗が掲げられていたのです（『江戸時代を見た英国人』）。

　そうなのです。オランダ側は戦争で拿捕したイギリス船をさっそく長崎貿易に投入していたのです。デルボー船長の怒りと失望は察するに余りあるものがあります。結局、リターン号が出港できたのは、入港以来二ヶ月後の八月二十八日のことでした。

　この「リターン号事件」のあと、日本貿易は中国とオランダにしか許されないという噂がヨーロッパの国々に伝わります。およそ三十年後、ロンドンで出版された『地理学体系』（ハーマン・モール一七〇一）ではオランダ人の踏み絵はもはや常識となっています。

> この諸島は一人の皇帝に従い、その権力は絶対であり、オランダ人だけが日本と貿易する自由がある。約八十年前ポルトガル人がキリスト教をひろめようとした時、完全にうちのめされた。しかし、オランダ人は聖母マリアの絵や像を侮辱することで自分たちがキリスト教徒でないことを納得させた。そしてそこで貿易を許可してもらうよう働きかけたのである。
>
> （『踏み絵』より抄録）

テキスタイル（布地）革命

こうしてイギリスは東アジア貿易をあきらめてインドまで撤退します。これで日本貿易の利権はすべてオランダに奪われたことになります。ところがこの撤退が、その後思わぬ方向へとイギリスを導くことになります。それはインド木綿のことです。

それまでのヨーロッパでは、衣料としては主に亜麻（リンネル）、毛織物、絹などが使われていましたが、インド木綿は(1)薄地で軽いところから仕立が自由にできること。(2)染色やプリントが容易で、なかなか色落ちしなかったこと。(3)毛織物の三分の一という安さ、などの理由から急速にイギリス国民の暮らしの中に入って行きました（『近代はアジアの海から』）。

男性ならワイシャツ、ネクタイ、袖カバー、ハンカチーフ、女性ならエプロン、髪飾り、ガウン、パジャマなど、そして男女とも下着と靴下（ストッキング）は何よりも木綿のものが好まれました。一六七〇年代に入ると、アジアから輸入の三分の二が木綿や綿織物になり、そうなると香料貿易はイギリスにとって興味の対象から薄れて行き、その代わりに木綿貿易に力を入ります。綿布はその後十七世紀末から一世紀をかけてヨーロッパの

日本の着物から生み出された「ヤポンス・ロック」、のちの「ガウン」（『阿蘭陀とNIPPON』）

ファッションにテキスタイル革命を起こし、たちまち海を越えてアメリカや世界中に影響をおよぼします。

日本も例外ではありません。木綿は戦国時代以前から朝鮮や中国を経て入っていましたが、オランダ船が運んできた綿布は特に「島（縞）もの」と呼ばれて大衆の間に爆発的な人気を呼びます。

長崎で取引された貿易品を記した『増補華夷通商考』（一七〇八）には、インド方面から運ばれてきた花布《サラサ》、金花布、奥嶋、金巾《かなきん》、算崩嶋《さんくずし》、サラタ嶋、マタフウ嶋、ギガン嶋、カアサ木綿、花サラサ、霜降りサラサ、ヌメサラサなどの名前が並んでいて、そのいずれもが綿布なのです。以前ポルトガル船が運んで来たものは、生糸や絹織物が主流でしたので、これは革命なのです（『鎖国の地球儀』）。

国産生産の木綿についていえば、戦国時代すでに東海地方の伊勢や三河が有名でした。

初期の木綿は兵衣・旗・幟・陣幕などの軍需として浸透します。戦場では防水性と色彩の鮮明さが必要とされ、綿はそのいずれにも適していたのです。また木綿帆は船足を格段に速くしてくれました。

畑での木綿の農作業は麻よりも簡単で、しかもそれぞれの農家の手機《てばた》で綿布を織り出すこともできました。だから農家は稲作の他に「男は藁仕事、女は木綿」として普及します。夜業に必要な灯火用の油の需要にこたえるのに、木綿畑の裏作として菜種が植えられます。「菜の花や月は東に日は西に」という蕪村の俳句は、関西方面のそのような光景を切り取ったものでしょう。

木綿づくりに関係して、藍（染料）の栽培や肥料として干鰯も需要が伸び、それらを運ぶための廻船業も盛んになり、経済社会そのものを底辺からくつがえし、経済を豊かにしてくれました（『新・木綿以前のこと』）。

柳田国男の『木綿以前の事』には、「昔の日本人は木綿を使わぬとすれば麻布よりほかに、肌につけるものは持合わせていなかったのである。木綿の若い人たちに好ましかった点は、新たに流行してきて珍しいと云う外に、なお少なくとも二つはあった。第一には肌さわり、野山に働く男女にとっては、絹は物遠くかつあまりにも滑らかでややつめたい。

柔らかさと摩擦の快さは、むしろ木綿の方が優っていた。第二には色々に染めが容易なこと、これは今では絹階級の特典かと思っていたのに、木綿も我々の好み次第に、どんな派手な色模様にでも染まった」とあります。

木綿の魅力に「肌さわり」を掲げたところは、いかにも日本人らしい感覚です。絹はよそよそしくて冷たいというのです。確かに現在でも汗をかくような場合、綿製品の方が好まれます。

また、「色ばかりかこれを着る人の姿も、全体に著しく変わったことと思われる。木綿の衣服が作り出す女たちの輪郭は、絹とも麻ともまたちがった特徴があった。その上の袷の重ね着が追々なくなって、中綿がたっぷりと入れられるようになれば、また別様の肩腰の丸味ができてくる。全体に伸び縮みが自由になり、身のこなしが以前よりは明らかに外に現れた。（中略）以前の麻のすぐな突張った外線はことごとくきえてなくなり、いわゆる撫で肩と柳腰とが、今では至って普通のものになってしまったのである」ともあります。

縞模様で染められた綿布が庶民の生活に入ってきたのを知るには、浮世絵に描かれた女性たちを見るのが一番です。特に鈴木春信や喜多川歌麿によって描かれた浮世絵には、曲線に満ちあふれた着物の縁取りや、柔らかい皺の様子が見てとれます。ありていにいえば女性が美しくなったということです。

木綿によるテキスタイル革命は、戦後の私たちがナイロンやポリエステルのような化学繊維（合成繊維）の恩恵に預かっていることを思い起こせば、理解しやすいかもしれません。

『ガリバー旅行記』の原作者スウィフトも、十七世紀後半から十八世紀半ばを生きた人ですからこのテキスタイル革命の波をもろに被ったことになります。果たして彼は「木綿のハンカチーフ」を身につけていたのでしょうか。

鈴木春信の浮世絵　背後に直線を描くことで、着物の曲線を際立たせている（ウェブより）

ついでにいえば、十八世紀後半イギリスで起きた「産業革命」は、伝統産業であった羊毛を用いた毛織物ではなく、東洋の木綿を使った綿織物を工業化することで成功します。糸を紡ぐ行程が機械化される際に、羊毛は切れやすく使いものにならず木綿の方が丈夫だったからです（『羊毛文化物語』）。

その世界にさきがけた産業革命がイギリスをして「七つの海を制する国」として繁栄させたとすれば、インド木綿の存在を軽視するわけに行きません。そしてそれは長崎で起きた「リターン号事件」と、赤道直下での「アンボイナ事件」とがきっかけになっていたのです。

第七章

事実は小説よりも奇なり

漱石先生も筆の誤り

夏目漱石の『文学評論』に戻ります。その中で彼は「ガリバーが日本に立ち寄ろうと寄るまいと、文学上あってもなくてもいい」と断定しました。「踏み絵」は日本人にとってのみ興味深いのであり、他国の人々にとっては極めて平凡だろうともいいました。

どうやら漱石は踏み絵のことは外国人には意味がなく、日本人にしかわからないと考えていたようです。慶応三（一八六七）年生まれの漱石には、イエズス会の宣教師からはじまったヨーロッパの日本研究など知る由もなかったのです。明治時代は新しいジャンルの学問が緒についたばかりでした。ちなみに南蛮学・大航海時代の研究は明治後期に、村上直次郎博士によって基礎づけられます（『大航海時代の日本』）。

しかしこれまで見てきた通り、ヨーロッパの人々はマルコ・ポーロ以来、ずっと日本に熱い眼差しを向けてきました。ヴァーレン（ヴァレニウス）、モンタヌス、ケンペル、ツュンベリー、シーボルトなどはその代表です。ヨーロッパの人たちは私たちが想像する以上に日本のことを良く知っていました。特に踏み絵に関してはそれがスキャンダラスであっただけになおさらの事です。

オランダを敵視する時代の中にあって、スウィフトはどうしてもガリバーを日本に向かわせて、オランダ人の踏み絵を糾弾せずにはおられなかったのです。

『旅行記』第三篇の冒頭から日本人の海賊が登場するというのは、スウィフトの頭の中ではガリバーを日本に行かせ、「アンボン号」で帰国させることは最初から決まっていたと考えられます。「日本に立ち寄ろうと寄るまいと」ではなく、日本に行かせないと第三篇そのものの意味がなくなってしまうのです。

ガリバーが皇帝に向かって「踏み絵だけは御免被りたい」と申し出たときの答えを思い出して下さい。「踏み絵のことでそんなに気をもむのはお前が初めてだ。本当にオランダ人かどうか怪しくなってきた」でした。裏をかえせば「お前がオランダ人なら平気で踏み絵をするはずだ」ということです。オランダ人にしてみたらこれほど不愉快な話はないでしょう。

逆に『旅行記』を読んだイギリスの読者なら、踏み絵なしで日本を通過したガリバーに「でかした！」、「良くやった！」と心中、喝采したに違いありません。プロテスタントのイギリス人がそうなのですから、ましてやカトリック圏のフランスやスペイン、ポルトガルの人々も溜飲が下がる思いだったでしょう。

スウィフトが亡くなって十四年後、フランスの啓蒙思想家ヴォルテールは『カンディード』（一七五九）という短編小説を発表しますが、その中でじつに質の悪いオランダ人を登場させています。

主人公カンディードと行動を共にしていたそのオランダ人がリスボンに到着するやいなや大地震が町を襲います。海から津波が押し寄せ家は倒壊し、通りや広場を炎が覆い尽くします。すると彼は助けを求める声がする瓦礫の中で、好機到来とばかりに略奪の限りを尽くします。お金が手に入るとそれで酒を買い、酔いから醒めると、今度は気建ての良い娘の媚を買います。

あまりの不品行に一行のひとりが彼を咎めると「馬鹿野郎！　俺は水夫でバタビア（ジャカルタ）の生まれよ。日本に四回渡航し、四回踏み絵をした。お前さんの理屈なんかてんでお門違いだァ」と悪態をつくのです。

ヴォルテールがまさしくスウィフトの系統を引いているのがわかるでしょう。ヨーロッパでのオランダ人に対する評価はこのように深刻なものでした。

オランダ側からの弁解

すっかり悪者扱いにされてしまったオランダ人の側から、反論はなかったのでしょうか。どういうわけか正面切ってこれに異義を申し立てる人はいませんでした。もっともイギリスと繰り返し戦争をやっていましたからその余裕もなかったのかもしれませんが…。

第三次英蘭戦争が終結した年、ようやくオランダの政治家・外交官そして文人として知られていたファン・ハーレンが反撃に出ます。それが『日本論』（一七七五）です。その中で彼は信頼に足る史料を見つけ出して「踏み絵を行ったのはオランダ人だけに限らない。イギリス人も行った」と発表しました。彼が持ち出したのは次のような漂流事件です。

一七〇四年ですからまだスウィフトが生きていた頃の話です。琉球（沖縄）に漂着した異国人六名が捕えられ、薩摩藩の手で長崎に送られてきました。奉行所はさっそく出島の商館長を巻き込んで彼らの尋問を行います。

VAN
JAPAN:
MET BETREKKING
TOT DE
HOLLANDSE NATIE,
EN DE
CHRISTELYKE
GODS-DIENST.
DOOR JONKHEER
ONNO ZWIER VAN HAREN,
FRIES EDELMAN,
DIRECTEUR VAN 'T ZEEUWSCH GENOODSCHAP
DER WEETENSCHAPPEN TE VLISSINGEN.
TOT ZWOLLE
By SIMON CLEMENT,
MDCCLXXV.

ファン・ファーレンの『日本論』
1775年（『踏み絵』）

その結果、オランダ側の記録によれば「スコットランド人二名、イギリス人一名、オランダ人二名、フランドル人一名」と細かく記されています。しかし日本人にはその違いがわからず、「オランダ人三名、イギリス人三名」で済ましています。

取り調べによると、うち五名は密輸船に乗っていたところをスペイン人に見つかりフィリピンのマニラに連行され、そこへさらにジャカルタの東インド会社から脱走したフランドル人（オランダ人）が加わって六名になったことがわかりました。その後六名は機会をうかがい再び脱走し、ボートを奪って北に向かった結果、琉球に漂着したのです。

日本に漂着した異国人は長崎で取り調べを受けなければなりません。琉球は建前では「外国」でしたが実際は薩摩の支配を受けていたので、彼らは薩摩藩士の手によって長崎に運ばれてきました。途中、彼らが上陸し宿泊した場所には新しい小屋が建てられていて、翌朝彼らが出発すると同時に焼き払われたそうです。それほど異国人やキリシタンは忌み嫌われていたのです（『日本論』）。

この六名は長崎で取調べを受け、踏み絵を要求され全員がそれに従いました。

そのときの踏み絵は、四年前（一六六九）、幕府が長崎の古川町の鋳物師萩原裕佐に命じて新しくつくらせたもので、まだ光沢を放っていたと思われます。その裕佐をモデルにして、のち長与善郎が『青銅の基督』（大正十二）という小説を発表しますが、実際の裕佐がつくった踏み絵は青銅ではなく真鍮だったそうです。

話をもとに戻します。六名すべての踏み絵が終わり奉行所の役人がホッとしたのもつかの間、オランダ人のひとりのポケットから祈祷用のロザリオが発見され、その場は再び騒然となります。

どうして隠していたのかという追求がはじまり、オランダ人は「こんなガラクタは申し出るにも及ばないと思っていたし、見ての通り、こんなにいくつもの玉が欠けているものなどロザリオではない…」と言い張ります。実際彼のシャツの胸には、はずれたロザリオの玉がボタン代わりに使用されており、それが裏付けとなって奉行所の態度はようやく和らぎました。結局そのロザリオは他の所持品と一緒に焼却処分されました（『日本論』）。

ハーレンはこの事件をファレンタインの『新旧インド誌』（一七二四～二六）の中に見つけ、日本で踏み絵を行ったのはオランダ人だけではないことを確信したのです。そしてそれを強調することでオランダ側の弁明に務めたわけです。

しかし彼はもっと幅広く史料に目を通すべきでした。出島にいた同国人の記録に目を通すべきだったのです。そうしたら、彼は腰を抜かさんばかりの事実を見つけることができたのです。彼はそれを見逃しました。あせっていたのでしょうか、それが悔やまれてなりません。

事実は小説よりも奇なり

私がここに指摘するのは日本貿易の再開を申し込みにやって来たあのイギリス船リターン号のことなのです。すでに触れたようにそれは一六七三年七月九日のことでした。その日、出島のオランダ商館長カエサルは日記に次のように記しています。

一六七三年七月九日　日曜日

（前略）しばらくして、四人の長崎奉行代理の役人が私のところ（出島）にやって来て、先ず一人のオランダ人を日本人に同行させなければならないと命じた。それはイギリス船にポルトガル人あるいは他国の者が乗船していないかを見分するためである。

次にイギリス人はオランダ人と同じ信仰というが、私たち（オランダ人）が告げたようにイギリス国王はポルトガルから王妃を迎え、いまだ彼らの間には子供は生まれていない。彼らの言い分が正しいかどうかを確かめるためにも、毎年長崎に来ている中国人が行っているように、奉行が用意したカトリックの聖像（踏み絵）を、イギリス人船長も踏まなければならないと。

最後に、イギリス人はヨーロッパではオランダ人同様に、フランスやポルトガルなどカトリックの国々とも交易を行っているというが、それは事実かどうかを問われた。嘘をついたとか、真実をかくしたと非難されたくないので、私は次のように答えた。私たちオランダ国民は商売で生きている。確かにイギリス、フランス、ポルトガルなどとも取引を行う。しかしオランダ東インド会社そのものは、ここ東洋では決してヨーロッパの国々の何処ともかかわりは持っていないと。この答に満足して彼らは立ち上がり、イギリス船に向かう準備に入った。私はヨハネス・デ・パープを彼らに同行させた。

夜遅く、ロウソクを灯してかなりの時間がたった頃、パープは我々の元に戻って来て次のような報告をした。

イギリス船では、最初に検使と通詞たちに従って船室に入った。そこでは通詞（富永）市郎兵衛が船長と話して、自分たちが船長が足で踏まなければならない聖像をもって来たことを告げた。それはパープが見た限りではマリアの膝に抱かれたキリストの像であ

リターン号上で用いられた踏み絵（Papers on portugese, Dutch and Jesuit influence in 16th and 17th century Japan）

った。船長は日本人が満足するのなら指示通りになんでも行うと答えた。しかしパープには船長は自分が何を言われたのか分からなかったように思われた。というのも通詞が訳の分からない妙な言い方をしたからである（当時の通詞はまだオランダ語に十分に通じておらず、ポルトガル語を交えていた）。

次に通詞は船長に、なぜ台湾の中国人は日本へ向かう中国船を襲うのかと質問した。答えは日本貿易での利益が薄いこと、日本人によって酷い仕打ちがなされたからというのであった（台湾の鄭政権は清と戦うために、何度も幕府に軍事援助を申し込んだが断られたという経過があります）。

少し休憩があって集合が掛けられ、パープは乗組員それぞれの名前を英語で尋ねた。同時にイギリス人であるか否か、オランダ語やポルトガル語が話せるか否かが問われた。

それらはすべて記録され、日暮れて暗くなったところでデッキに例の聖像が藁のマット（ムシロのこと）に置かれ、船長はまず右足で、次に左足で、最後に両足で形式にそって行われた。しかし、あまりに暗くてパープには船長は踏んだものが何であるか分からなかったように思われた。それらが終了したところで彼は下船した。

（"Papers on Portugese, Dutch, and Jesuit influences in 16th-17th century Japan"）

じつはイギリス側にも史料が残されていました。それは同日のリターン号船長デルボーの日記で、『日本日記』として残されています。

二時間の後、彼ら（日本人）は再び来て我ら（イギリス人）がもしオランダ人同様に、通商することを以て満足するならば（布教しないなら）、それを許されるであろうが、（その場合）日本の習慣に従って私たちの砲および弾薬をボート二艘に積んで陸に送り、彼らに託さなければならない。しかし、何物も減じたりすることはない。彼らが皇帝（将軍）の下に人を遣わし、その回答を得たのち、我らは上陸して家（商館）を有することができるだろうと述べた。彼らは数艘の小舟を船首、船尾そして両側に置いて警備を行った。次に彼らは船中の各人の名を記し、各人を検査し、またオランダ人ひとりを同伴して、我らがイギリス人であるかどうかを見極めさせ、一人ごとにポルトガル人ではないか、ポルトガル語を話せるか否かを尋ねた。
我らが携さえた商品の分量およびその品質を記録し、イギリスから我らと供に来た船名を問い、また澎湖島およびバンタン（ジャワ島の商館）滞在について問うてきたので、私はこれに対して一隻は東京（トンキン）に行き、他の一隻はバンタンに帰ったと告げた。その後、弾薬のうち彼らが運べるだけを引き渡したところ彼らは、我らのボート二艘を伴って陸に帰っていった。

（『長崎市史』より現代語訳）

ごらんの通り踏み絵のことはどこにも出てきません。同じ場所の同じ日の出来事でありながら、オランダ側の史料とイギリス側のそれが食い違っているのです。そこで日本側の記録を調べてみます。

五月二十五日（旧暦）
奉行は鳥山（役人）を通してオランダ商館長に次のように伝えた。今日入港したイギリス船を詮索したところ八十六人の乗組員のうちに南蛮人は一人も乗せていないとイギリスはいっているが、しかし南蛮人を連れて来ている可能性もある。オランダ人は南蛮人を見ただけでわかるだろうから、出島のオランダ人のうちひとりをイギリス船に同行させるようにと。

ほどなく江原五郎兵衛、三原小左衛門、猪俣儀兵衛、中島利衛門の四名が踏み絵を出島に運んできた。そして商館長に、これからイギリス人に踏み絵をさせるのでオランダ人もその場に立ち会って、南蛮人が本当にいないかどうかを確かめるようにと申し渡しがあった。

商館長はその役をモハウフ（デ・パープ）というオランダ人に託し、日本人と一緒に向かわせた。オランダ通詞二名が乗ってきた船で乗組員に残らず踏み絵をさせ、同時にそれぞれの名前も書きとめた。そして八十六名のうちに南蛮人はひとりもいないというオランダ人の証言と一緒に、奉行所に報告された。

（『長崎古今集覧』より現代語訳）

他にも林復斎による幕府の外交文書をまとめた『通航一覧』があります。

一、邪宗門の儀につき（布教のことで）渡海仕り候やと、再び返し相尋ね候処、左様の手立てにて渡り候様には少しも相聞こえず候処、然りと雖も若し南蛮人乗り来たり候儀も有るべく御座（候）やと奉り存じ、在留（出島）のかぴたんに申し渡しオランダ人一人、エゲレス船へ遣わし、船中の者共一人づつ口つくはせ（尋問して）、残らず相改め候処、南蛮人一人も御座無く候由申し候、其の上踏絵をも申し付け候得共、覚束無き処御座無く候（巻の二百五十三）

踏み絵を行った国が沈黙しても、二か国の記録がそれを証明しています。リターン号上で八十六名というとんでもない数の人々が踏み絵を行ったことに間違いありません。

このようにイギリス側が踏み絵を隠したのは事実ですが、他方、オランダ側も隠ぺいしたものがあります。それは『長崎実録大成』を読めば明らかです。「近年、イギリス国王の方にポルトガル王の娘を嫁がせしめし故、国中の者ども常に南蛮人の交わり親しく之ある由これを訴え云々」つまりオランダ商館長が「イギリスとポルトガルは結婚を通して親密になった」と幕府に訴えたことです。それは日記には書かれていないのですが、今でいう「情報工作」に他なりません。

オランダ商館医と踏み絵

モンタヌスの『東インド会社遣使録』は、資料を通して書かれた日本情報でしたが、やがて本人が鎖国体制下の日本に行って、自らの体験と見聞を通じて日本を語るヨーロッパ人が現れます。

その最初の人物はドイツ人医師のケンペル（一六五一～一七一六）です。彼は一六九〇年に出島商館付きの医師として来日、二年間滞在中に二度の江戸への旅行を経験し、帰国後ドイツで大冊『日本誌』（一七二七）を執筆します。彼の優れた洞察と博覧強記にもとづく日本論は画期的で、ドイツ語版よりも先に英訳本が刊行されます。ここにもイギリス人がいかに日本に関心を寄せていたのかが伺えます。ただそれは『ガリバー旅行記』が出版された翌年のことですので、スウィフトへの影響は考えられません。

その蘭訳本はのち日本にも届られて、吉雄耕牛などのオランダ通詞たちからも興味をもって読まれます。ケンペルは『日本誌』の付録に、日本が国を閉ざすに足る十分な根拠があるとする論考をつけ加え、それに共鳴した蘭学者志筑《しづき》忠雄が『鎖国論』（一八〇一）として翻訳し、ここに「鎖国」という言葉が生まれます。そしてそれを写して江戸に持ち帰ったのが、役人として来崎していた太田南畝（蜀山人）です。

確かにケンペルは『日本誌』の第三章で踏み絵を扱っていますが、それはすでに年中行事と化した踏み絵のことでした。


踏み絵の聖像は長さ三十センチほどの真鍮版に鋳込んだもので、特にそれ用につくった木枠にはめ込んである。そのやり方は次の通りである。まず宗門改めの役が畳に座ると、一家族が老若男女にいたるまで一つの部屋に集められる。場合によっては隣の者たちが一緒になることもある。

踏み絵はじかに土間に置かれ、係が人別帳を読み上げると、各自が次々と聖像の上を歩き、まだ歩けない幼児は母親が抱き、その足を聖像の上につけて歩いたような恰好をさせ、家族全部の踏み絵が終わると世帯主は人別帳の下に捺印を押す。これによって奉行に対して取り調べが終わった証明となる。

町内のすべての家でこの行事がすむと、宗門改めの役も聖像を踏み、最後に町乙名（町の代表者）がそれを踏み、互いに正しく踏み絵が終わったことを捺印によって証明する。この年中行事は長崎だけでなく、昔多くのキリシタンを出した大村藩や豊後でも行われる。

（『日本誌』より抄訳）

次に登場するのは、スウェーデン人のツュンベリー（一七四三〜一八二八）です。彼もまた商館付きの医師として一七七五年に来日し翌年帰国しました。その間、江戸で『解体新書』の翻訳グループ桂川甫周と中川淳庵の二人と会話を交わし、梅毒の新しい治療法などを教えています。帰国後に著した『ヨーロッパ・アフリカ・アジア旅行記』は英仏訳で広く読まれ世界に日本を紹介しました。その中で彼は非常に重要な証言を残しました。

日本の正月には良く知られた儀式がある。それは純粋なキリスト教徒にとっては悲しみに耐えない儀式である。日本人はその足の裏で十字架、キリスト像やマリア像を足で踏むのである。私はかつてよりこの不思議な儀式を知りたいと切に思っていたが、あるオランダ人が江戸参府の準備のために町を歩いた時に、チラッと目にしたのを聞いただけだった。

それは今までオランダ人が踏み絵をしないと日本に入国できないとされてきたことがま

ったくの的外れで誤っていたことを裏書している。再度ここに念を押すが、オランダ人は決してこの儀式を要求されることはない。問題の儀式は以前キリスト教がはびこった地方だけに限られている。幕府はこの儀式によって、キリスト教が完全に根絶やしにできたことを証し、この宗教を最初に持ち込んだポルトガル人への怨恨の情を永久に伝えようとするものである。

（『ツンベルグ日本紀行』より抄訳）

このようにツュンベリーによって初めてオランダ人の踏み絵が否定されます。それに準じて一七九七年版のイギリスの百科事典『ブリタニカ』でもオランダ人の踏み絵が否定されました。こうしてイギリス人のオランダ人に対する非難と中傷は終息に向かいます。もっともその頃になるとイギリスの強力なライバルはもはやオランダではなく、ナポレオン率いるフランスに代わっていました。

踏み絵はつづく

長崎以外から上陸した異国人や漂流した日本人があらわれた場合、なお踏み絵が強制されていました。

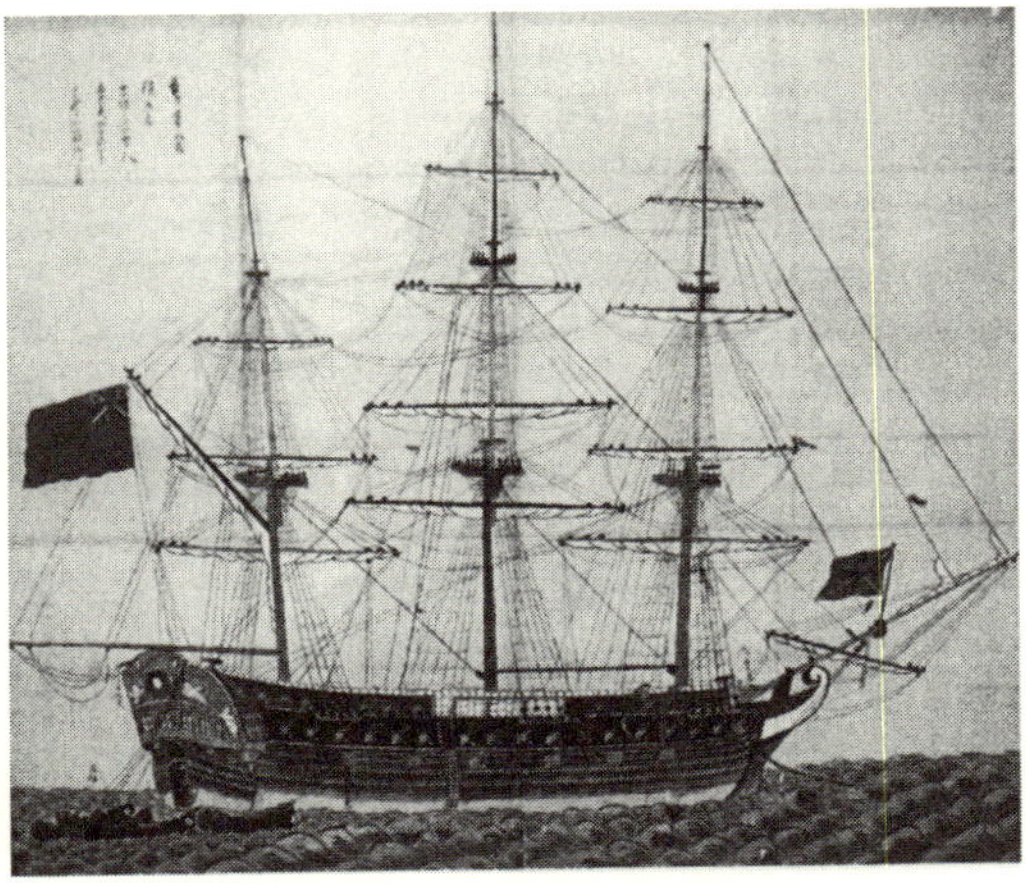

フェートン号図（『新長崎市史』）

例えばここにアメリカ合衆国オレゴン州生まれの、イギリス人とアメリカインディアンの混血児でマクドナルド（一八二四〜九四）という青年がいます。彼は父から銀行員という仕事を与えられながらもそれに満足できず（人種的偏見があったともされています）、太平洋の彼方日本に強い憧れを抱き、一八四八年に冒険を決行します。捕鯨船からボートに乗り移り、漂流をよそおって北海道の焼尻島に上陸、日本潜入に成功します。

すぐに拿捕され北前船で長崎に運ばれるのですが、時あたかも長崎のオランダ通詞たちは英語の学習を渇望していました。

ちょうど四十年前にイギリスの軍艦フェートン号がいきなり長崎港内に入り込み、狼藉をはたらき治安を乱したことがありました（一八〇八）。フェートン号はオランダ船の捕獲が目的でしたが、船がいなかったので奉行所から水や食料を要求したのち、悠々と港を出ていったのです。長崎奉行は責任をとって切腹します。この「フェートン号事件」はナポレオン戦争後のイギリスが、もはや世界の覇者になったことを良く示しています。

以後、日本人にはイギリス憎しという風潮が広がり、オランダ通詞たちには英語の習得が急がれました。

一八〇九年、オランダ通詞本木正栄は、幕府の命令で出島の商館長を師として英語の研究を開始、五年後『諳厄亜語林大成《アンゲリア》』という英和対訳辞書を完成させます（一八一四）。

一八二四年、常陸（茨木県）の沖にイギリスの捕鯨船が接近し、一部の乗組員が大津浜に上陸するという事件が起きます。幸いにも江戸からオランダ通詞が出張してことなきを得ましたが、アジアにまで頭角を現してきたイギリスを目の当たりにして英語の必要性はいよいよ大きくなりました。

そこに天からの贈り物であるかのように英語のネイティブスピーカー、マクドナルドが現れたのです（一八四八）。彼らはさっそく幽閉されたマクドナルドの部屋に集まり、英語の学習を開始します。すでに志筑忠雄が集大成したオランダ語の文法を学んでいた彼らは、英文法の飲みこみも早くマクドナルドを驚かせます。こうして学んだ英語は、のち浦賀にペリー提督の黒船艦隊が浦賀に現れたときに実際に役に立ちました。

そのマクドナルドが長崎奉行所の白洲で踏み絵をさせられています。

この法廷に入ろうとすると、私は肩をつかまれ自分が履いていたゴム長靴を脱がされ、新たに一足の足袋と草履を渡された。履きかえたのち、あらかじめ入り口のところに金属の板が置かれていると聞かされていたので、それらしきものを探すと確かにあった。それは土の上に置かれた十五センチほどの青銅版のようなもので、前かがみになって良く調べると、マリアとその子イエズスの像であるのが認められた。私はプロテスタントだったのでためらうことなくそれを踏んだ。

（『日本回想記』より抄訳）

もうひとり日本人を挙げます。一八四一年、十四歳で漁に出たまま漂流し、無人島にいたところをアメリカの捕鯨船に救われ、アメリカ合衆国で新知識を吸収したのち、十年後に帰国したジョン万次郎です。

彼はペリー提督が浦賀に現れる二年前、自分の意思で日本に戻ります。上陸した地点は琉球でした。薩摩藩士に伴われて長崎に着いたのは一八五一年十月一日。さっそく厳しい取り調べがはじまり、生国・住所・姓名を答えると、次に「三十センチ角ほどの真鍮に人形を彫りつけたもの」を踏むように命じられます。

彼は確かにアメリカでプロテスタントの教会に出入りしています。でもマクドナルドのようにプロテスタントだから踏んだというのではなく、「踏み絵」そのものの意味がわか

ジョン・マンが描いた踏み絵
(『幕末のロビンソン』)

らなかったようです。彼がのち記憶で描いた踏み絵像を見てもそれがわかります。彼自身「人形を彫ったもの」と読みとった通り、それはおよそ宗教的な意味からかけ離れたものに思われます。

翌年八月十日、奉行所から判決が下ります。「彼の国(アメリカ)にて切支丹宗門勧めに相候儀これなく、疑わしき筋も相聞かず候に付き、構うこと無く国許へ

差し返し候の條、御領分の外へみだりに住居致し為す間敷く候。もっとも右の者共死失致し候はば、相届くべき事」（『幕末のロビンソン』）

つまり「故郷からみだりに住まいを移してはならない、死亡した時には届けなければならない」という条件つきで、万次郎が土佐に帰されたのがわかります。

踏み絵の廃止

一八五三年、アメリカ海軍のペリー提督は、交渉に時間のかかる長崎を最初から無視して、黒船艦隊を一気に江戸湾入り口の浦賀に進めます。それは幕府の喉元に匕首を突き付けるようなものでした。その勢いに押され日米和親条約（一八五四）が結ばれ、ここに鎖国政策がほころびを見せます。続いてイギリスとロシアが和親条約を締結します。オランダは長い間日本と通商を続けてきたにも関わらず、その交渉に遅れをとります。

それを挽回すべくオランダ政府はジャカルタの高等法院評定官ドンケル・クルチウスを出島のオランダ商館長に任命します。彼は幕府が切望していた軍艦の購入と海軍伝習所（一八五五～五九）の設置に尽力することで幕府に接近することができました。こうして和親条約はもちろん、日蘭追加条約（一八五七）も結ばれ、他国に先んじて出島で自由貿易が許されるのです。いってみれば自由貿易の予行演習を行ったのです。

その後クルチウスは「踏み絵はキリスト教徒が崇拝しているものを侮辱することになり、諸国民に不快な気持ちを抱かせる。それを続けていると外交上に無益のいざこざを起こす」と説き、その廃止を長崎奉行に勧告します。

奉行もまた「踏み絵はもはや一儀式のようになっている。外国人からの抗議が出る前にこれを廃止する方が得策と思われる」と幕府に進言します。

こうして長崎の踏み絵は一八五八年の正月から（維新を迎える十年前）行われなくなりました。アメリカの外交官として下田に着任していたハリスは、日米修好通商条約（一八五八）の第七条に「長崎での踏み絵の慣習はすでに廃止された」と書き入れています。

「安政の開国」と呼ばれるこの年、幕府は米・蘭・露・英・仏の五ヶ国と通商条約を結びますが、踏み絵が条文にあらわれたのは英蘭をのぞいた三ヶ国です。その訳はイギリスとオランダは日本の踏み絵事情に明るく、その必要がなかったからです。

長崎での踏み絵は廃止されたものの、九州諸藩ではなお続けられました。それは踏み絵が同時に戸籍制度として機能していたからです。

転宗を強制する最後の踏み絵は、幕末に起きたキリシタン検挙事件（浦上四番崩れ）で、新政府により長州の津和野に流された人々が、明治四年、十字架を入れた紙袋を踏むように強いられたものとされています（『踏絵』）。

明治六年、海外視察を終えた岩倉具視全権大使らの帰国後、切支丹禁制の高札が取り外され、検挙されていた流刑中のキリシタンも釈放されます。

明治七年、踏み絵は奉行所から長崎県に引き継がれ格納されていましたが、ある日、その踏み絵を購入したいというひとりのフランス人が現れます。彼は横浜から来た人物で、お金には糸目はつけないというのです。背後に国家が動いていたと匂わせる言動です。

長崎県令は返答に窮した末に、東京の教部省にうかがいをたてると同時に、踏み絵の東京移送を願い出ます。

こうして長崎の踏み絵やキリシタン

摩滅した踏み絵（『探訪大航海時代の日本』）

関連の遺物はすべて、現在は上野の東京国立博物館の倉庫に納められています。

あとがき

この本を書いている最中に、私はたまたま鹿児島に旅行する機会を得ました。そして「知覧特攻平和会館」の隣りにある「ミュージアム知覧」で、「かくれ念仏」なるものを知ったのです。「かくれキリシタン」と瓜二つのこの言葉は俄然、私の興味を惹きました。平成十一年、同館で特別企画『薩摩のかくれ念仏』が催され、その時の図録に目を通すことよって、それがいかなるものであるか、おおよそのところがわかりました。

かくれ念仏とは、弾圧された一向宗（浄土真宗）すなわち「一向に南無阿弥陀仏を唱える宗派」のことだそうです。戦国時代に民衆の間にひろがり団結力が強く、戦国武将からも恐れられていました。なかでも織田信長の一向一揆への弾圧は良く知られています。

薩摩にも戦国時代に一向宗が伝わり、島津中興の祖として知られる島津忠良からしてすでに忌み嫌っていた史料が見つかっています。一向宗が権力者たちから弾圧を受けた理由はどんなところにあったのでしょうか。

先ず、教義として念仏だけを頼みとする傾向があるところです。念仏の前では誰もが平等とする考え方は、世の中を支配する立場にある者にしてみれば危険思想そのものでした。

封建社会では上下関係がしっかりと守られていなければなりません。そのために徳川家康が利用したのは儒学でした。儒学ではすべてのものが上下関係として認識されます。君臣・父子・夫婦などはその代表です。

家康の側近となった林羅山という儒学者が、京都でキリスト教徒（不干斎ハビアン）と天地について論争したときに、「大地が丸かったら、裏側（南半球）に立っている人間は皆落ちてしまうではないか」といって、球体説を馬鹿にしました。宇宙にも上下がなければならなかったのです。

一向宗の教えは、神の前では平等とするキリスト教の考え方と一脈通じるところがあります。両者ともに庶民にとって生きるのが非常に厳しかった時代を背景にしています。

では一向宗を守り続けた人々は、どのように隠れたのでしょうか。ちょうどかくれキリシタンが密かにマリア観音像を拝んでいたように、小さな阿弥陀仏や親鸞上人の肖像などを柱をくりぬいたり、まな板の中などにかくし、念仏を唱えるのは海の上、山中の洞窟、川の急流に近い場所などが選ばれました。それが集団になると秘密結社となり主導者の下で念仏を唱えたり、役人から身を守るために互いに助け合いながら信仰を守り続けたのです。

一方それを取り締まる薩摩藩としては、各人がどの宗門に属するかを調査して、宗門手札（戸籍証明書）をひとりひとりに配りました。それに照らし合わせながら毎年厳しいチェックが入ります。それは長崎で正月に行われた「踏み絵」の儀式によく似ていました。いうまでもなく疑いをかけられると残虐な拷問が待ち受けており、信者であることがわかると武士は平民に、平民は下民にそれぞれ格下げされたそうです。

ここに今でいうスパイなる者も登場します。つまり念仏を唱えていた仲間を摘発するのがその役目です。手柄をあげると元の身分に戻れます。これもまた長崎でも同じような例がありました。拷問に耐えきれず転宗した宣教師フェレイラがそうでした。彼は「宗門目明し」でもあったのです。

このように、かくれ念仏と、かくれキリシタンの間には数々の共通点が見られるにもかかわらず、かくれ念仏には「踏み絵」が出てきません。それはどうしてなのでしょうか。

もし、かくれ念仏の人々に踏み絵をさせるとなれば、親鸞や蓮如像のみならず、仏像や釈迦涅槃図などの絵像も登場します。そうなると他の宗派の仏教徒が崇拝している対象を踏まなければならないことになります。

ここに薩摩と長崎の違いがあります。薩摩では仏教そのものが禁止されたわけではなかったのです。それに対して長崎の「踏み絵」は、すべての人にキリスト教が禁止されたからこそ機能したわけです。

私は長崎の原爆が投下された浦上地方に住んでいますが、このあたりは、かつて多くの潜伏キリシタンが住んでいたところでもあります。

浦上天主堂は原爆により見るも無残に破壊し尽くされましたが、現在は昔の姿に復元されています。その天主堂からさほど離れていないひとつの丘陵を、カトリックの信者の人たちはキリストが十字架に架けられた「ゴルゴダの丘」に見立てて、「十字架山」と呼んでいます。

明治十四年、代々続けてきた「踏み絵」の謝罪のために、この丘に大きな十字架が建てられました。工事は浦上の信者が総出で行われ、十字架は三百人から四百人もの人々が集まり、山頂まで担ぎ上げたとされています。最初は木製でしたが大正二年に石造に改められます。しかし、それもまた、原爆をまともに受けて倒壊しました。

平成三十年、私はモクレンやレンギョウが咲き満ちる中を十字架山に登ってみました。かつての丘も、今は山頂まで住宅がびっしりと建てこんで、丘というよりは長崎ではごく普通の町の光景としか見えません。

登り口がなかなか見当たらず、酒屋さんに尋ねてみると親切に教えてくれましたが、「結構、きついですから覚悟して登ってください」と付け加えられました。確かにその通りで、道が一直線で山頂まで続いているので傾斜が極めて急でした。いまでこそセメントの石段ですが、これが土であった頃、十字架や底石を運び上げるのにどんなに苦労されたかが偲ばれます。

山頂は円形の広場になっていて周囲はイブキの緑で囲われていましたが、それでも住宅の二階が丸見えでした。正面にある十字架は、台石と竿石が合わせて七段で、私の背丈ほどの大理石の十字架が台の上に立っていました。近づいて見ると十字架だけは新しく、台の方には原爆の光線で焼かれたような色が認められます。

長崎の墓地はどこもそうですが、蘚苔類がつくる丸っこい斑がおびただしく墓石を覆います。大十字架の裾にもそれがたくさんついていました。

最初は、十字架めがけて波の飛沫がかかったように見えたのですが、しばらくすると、それが踏み絵を拒んで殉教していった人々の血しぶきではないかという錯覚に陥りました。

私が「踏み絵とガリバー」について調べはじめたのは、片桐一男先生主宰の洋学史研究会に入ってからで、その後、長崎楽会《がっかい》や長崎新聞社、洋学史研究会などで随時、発表してきました。このたびこのようなかたちでまとめることができて感無量です。

小野静男氏をはじめとする弦書房の皆さまに感謝します。

平成三十年　春

松尾龍之介

主要参考文献

第一章

"*Gulliver's Travels*" Jhonathan Swift, A NORTON CRITICAL EDITION, 1970
『ガリヴァー旅行記』ジョナサン・スウィフト、平井正穂訳、岩波文庫、２０１１
『ガリヴァ旅行記』ジョナサン・スウィフト、中野好夫訳、新潮文庫、平成十九年
『ガリヴァー旅行記』ジョナサン・スウィフト、坂井晴彦訳、福音館文庫、２００６
『あなたの知らないガリバー旅行記』阿刀田高、新潮文庫、平成十五年
『漱石全集』第十巻　文学評論、岩波書店、昭和四十一年
『漱石全集』別巻　岩波書店、１９９６
『スウィフト考』中野好夫、岩波新書、１９７５
『炎の軌跡・スウィフトの生涯』三浦謙、南雲堂、１９９４
『スウィフト伝』レズリー・スティーブン、高橋孝太郎訳、彩流社、１９９９

第二章

『スパイスが変えた世界史』E&F・B.ユイグ、藤野邦夫訳、新評論、１９９８
『西欧文明と東アジア』東西文明の源流5、平凡社、昭和四十六年
『１４９３』入門世界史、チャールズ・C・マン、鳥見正生訳、あすなろ書房、２０１７
『大航海時代』ビジュアル版世界の歴史、増田義郎、講談社、１９９２
『大航海時代の日本』全八巻、小学館、昭和五十三年
『日本と西洋』沼田次郎編、平凡社、１９８０
『ガレオン船が運んだ友好の夢』タバコと塩の博物館、２０１０
『南蛮船貿易史』外山卯三郎、東光出版、昭和十八年
『大航海時代の風雲児たち』飯島幸人、成山堂書店、平成七年
『動物に観る人の歴史』江口保暢、近代文芸社、１９９８

第三章

『日本とオランダ』板沢武雄、日本歴史新書、至文堂

『三浦按針』岡田章夫、創元社、昭和二十三年
『新長崎市史』第二巻近世編　ぎょうせい、平成二十四年
『港市論』安野眞幸、日本エディタースクール出版部、1992
『教会領長崎』安野眞幸、講談社選書メチエ、2014
『世界史の中の長崎開港』安野眞幸、言視舎、2011
『バテレン追放令』安野眞幸、日本エディタースクール出版部、1989
『日本の南蛮文化』監修・松田毅一、淡交社、平成五年
『キリシタン禁制史』清水紘一、教育社歴史新書、1981
『幸田成友著作集』4　中央公論社、昭和四十七年
『九州のキリシタン大名』吉永正春、海鳥社、2004年

第四章

『大発見』ダヌエル・ブアスティン、鈴木主税／野中邦子訳、集英社、1988
『海の世界史』中丸明、講談社現代新書、1999
『黄金のゴア盛衰記』松田毅一、中公文庫、昭和五十二年
『菊とライオン』島田孝右 社会思想社、1987
『鎖国の地球儀』松尾龍之介、弦書房、2017
『地図の文化史』海野一隆、八坂書房、1996
『朱印船』永積洋子、吉川弘文館、2001
『小笠原諸島をめぐる世界史』松尾龍之介、弦書房、2014
『世界の歴史』十七　ヨーロッパ近世の開花、中央公論社、1997
『西洋人の描いた日本地図』図録、1993
『謎の北西航路』クルト・リュートゲン、関楠生訳、福音館書店、1971

第五章

『モンタヌス日本誌』モンタヌス、和田萬吉訳、丙午出版社、大正十四年
『日本伝聞記』ヴァレニウス、宮内芳明訳、大明堂、昭和五十年
『オランダ人捕縛から探る近代史』レイニアー・H・ヘスリンク、鈴木邦子訳、山田町教育委員会、1998
『南部漂流記』永積洋子、キリシタン文化研究会、昭和四十九年

『世界の歴史』十七　長谷川輝夫他、中央公論社、1997
『物語イギリスの歴史』君塚直隆、中公新書、2015
『十七世紀日蘭交渉史』オスカー・ナホッド、富永牧太、養徳社、昭和三十一年
『踏み絵』島田孝右／島田ゆり子、雄松堂出版、1994
『鎖国への道すじ』今村明生、文芸社、2012

第六章

『長崎港草』長崎文献叢書、長崎文献社、昭和四十八年
『近代はアジアの海から』川勝平太、NHK人間講座、平成十一年
『木綿以前の事』柳田国男、角川文庫、昭和四十九年
『新・木綿以前のこと』永原慶二、中公新書、昭和四十九年
『増補華夷通商考』西川如見、岩波文庫、1988
『江戸時代を見た英国人』ろじゃめいちん、PHP研究所、1984
『長崎古今集覧』松浦東渓、森永種夫校訂、長崎文献社、昭和五十一年
『洋学史事典』日蘭学会、雄松堂出版、昭和五十九年
『日英交通史の研究』武藤長蔵、同朋社、1978
『長崎市史風俗編』古賀十二郎、長崎市役所、大正十四年
『図説俳句大歳時記』角川書店、昭和五十三年
『長崎県史、対外交渉編』吉川弘文館、昭和六十一年
『文明としての徳川日本』芳賀徹、筑摩選書、2017
『羊毛文化物語』山根章弘、講談社、昭和五十四年
『阿蘭陀とNIPPON』図録、2010

第七章

『踏絵』片岡弥吉、NHKブックス、昭和四十四年
『ファン・ハーレン日本論』ファン・ハーレン、井田清子訳、筑摩書房、1982
『長崎実録大成』丹羽漢吉・森永種夫種夫校訂、長崎文献社、昭和四十八年
『長崎港草』森永種夫・丹羽漢吉校訂、長崎文献社、昭和四十八年
『通航一覧』国書刊行会、明治四十五年
『長崎洋学史』古賀十二郎、長崎文献社、昭和四十一年
『マクドナルド日本回想記』ラナルド・マクドナルド、

村上直次郎編、刀水書房、１９７９
『幕末のロビンソン』岩尾龍太郎、弦書房、２０１０
"Papers on Portugese, Dutch and Jesuit influence in 16th and 17th century Japan"
C.R. Boxer, Washington D.C. University Publication of America 1979

〈著者略歴〉

松尾龍之介（まつお・りゅうのすけ）

昭和二十一年、長崎市生まれ。

昭和四十四年、北九州市立大学外国語学部卒。

昭和四十六年、上京。

漫画家・杉浦幸雄に認められる。主に「漫画社」を中心に仕事をする。洋学史研究会々員。

〔主な著書〕
『漫画俳句入門』（池田書店）
『江戸の世界見聞録』（蝸牛社）
『なぜなぜ身近な自然の不思議』（河出書房新社）
『マンガＮＨＫためしてガッテン―わが家の常識・非常識』（青春出版社）
『マンガ版ママの小児科入門』（法研）
『長崎蘭学の巨人―志筑忠雄とその時代』（弦書房）
『長崎を識らずして江戸を語るなかれ』（平凡社）
『江戸の〈長崎〉ものしり帖』
『小笠原諸島をめぐる世界史』
『幕末の奇跡―〈黒船〉を造ったサムライたち』
『鎖国の地球儀―江戸の〈世界〉ものしり帖』
（以上、弦書房）

踏み絵とガリバー
《鎖国日本をめぐるオランダとイギリス》

二〇一八年一〇月三〇日発行

著　者　松《まつ》尾《お》龍《りゅう》之《の》介《すけ》
発行者　小野静男
発行所　株式会社 弦書房
〒810-0041
福岡市中央区大名二―二―四三
ELK大名ビル三〇一
電　話　〇九二・七二六・九八八五
FAX　〇九二・七二六・九八八六

印刷・製本　シナノ書籍印刷株式会社

落丁・乱丁の本はお取り替えします。

ISBN978-4-86329-181-2 C0021

◆弦書房の本

小笠原諸島をめぐる世界史

松尾龍之介　小笠原はなぜ日本の領土になりえたのか。江戸時代には「無人島」と呼ばれていた島々が、幕末に「小笠原」に変更された経緯を解き明かす。江戸と長崎の外交に関する文献から浮かびあがる意外な近代史。
〈四六判・２５０頁〉２０００円

長崎蘭学の巨人　志筑忠雄《しづきただお》とその時代

松尾龍之介　ケンペルの『鎖国論』を翻訳し〈鎖国〉という語を作った蘭学者・志筑忠雄（１７６０〜１８０６）。長崎出島の洋書群の翻訳から宇宙を構想し、〈真空〉〈重力〉〈求心力〉等の訳語を創出、独学で世界を読み解いた鬼才の生涯を描く。
〈四六判・２６０頁〉１９００円

江戸の〈長崎〉ものしり帖

松尾龍之介　京都の医師が長崎遊学で見聞した風物を、当時としては画期的な挿絵入りで紹介した寛政十二年（一八〇三）のロングセラー『長崎聞見録』を口語訳し、わかりやすい解説、新解釈の挿絵を付した現代版の長崎聞見録。
〈Ａ５判・２２０頁〉２１００円

江戸時代のロビンソン　七つの漂流譚

岩尾龍太郎　大黒屋光太夫、尾張の重吉、土佐の長平、筑前唐泊孫太郎ら鎖国下での遭難から奇跡の生還を果たした日本の漂流者（ロビンソン）たち。その壮絶なサバイバル物語と異文化体験が、彼ら自身の残した言葉から甦る。
〈四六判・２０８頁〉【２刷】１９００円

幕末のロビンソン　開国前後の太平洋漂流《ロビンソン・クルーソー・ゲーム》

岩尾龍太郎　寿三郎、太吉、マクドナルド、万次郎、仙太郎、吉田松蔭、新島襄、小谷部全一郎。激動の時代、歴史に振り回されながら、異国で必死に運命を切り開き、生き抜いた、幕末の漂流者たちの哀しく雄々しい壮絶なドラマ。
〈四六判・３３６頁〉２２００円

＊表示価格は税別